本书获得国家自然科学基金面上项目（71572098）以及国家社会科学基金重大项目（18ZDA057）等资助

RESEARCH ON INTERNATIONALIZATION SPEED OF CHINESE ENTERPRISES FROM THE PERSPECTIVE OF BEHAVIORAL STRATEGY

中国企业国际化速度研究
——基于行为战略视角

方 宏 ◎ 著

经济管理出版社
ECONOMY & MANAGEMENT PUBLISHING HOUSE

图书在版编目（CIP）数据

中国企业国际化速度研究：基于行为战略视角/方宏著.—北京：经济管理出版社，2019.10

ISBN 978-7-5096-5385-2

Ⅰ.①中… Ⅱ.①方… Ⅲ.①企业管理—国际化—研究—中国 Ⅳ.①F279.23

中国版本图书馆 CIP 数据核字（2019）第 236503 号

组稿编辑：杜　菲
责任编辑：杜　菲
责任印制：黄章平
责任校对：董杉珊

出版发行：经济管理出版社
　　　　　（北京市海淀区北蜂窝 8 号中雅大厦 A 座 11 层　100038）
网　　址：www.E-mp.com.cn
电　　话：（010）51915602
印　　刷：三河市延风印装有限公司
经　　销：新华书店
开　　本：720mm×1000mm/16
印　　张：11.75
字　　数：179 千字
版　　次：2019 年 10 月第 1 版　2019 年 10 月第 1 次印刷
书　　号：ISBN 978-7-5096-5385-2
定　　价：78.00 元

·版权所有　翻印必究·
凡购本社图书，如有印装错误，由本社读者服务部负责调换。
联系地址：北京阜外月坛北小街 2 号
电话：（010）68022974　　邮编：100836

前　言

在全球经济复苏乏力、对外投资表现谨慎的背景下，中国企业近十几年来的国际化扩张却逆势飞扬，一路向前。但是，《2016年企业海外财务风险管理报告》指出，中国企业海外并购的有效率仅为1/3，最终的海外并购成功率不到20%。作为国际化竞争的后来者，中国企业的这种跳跃、加速式的国际化扩张模式往往被诟病为冒险激进或者高风险。随着国际商务领域研究的深化，国际化战略在时间维度上的重要概念——速度逐渐被意识到是决定企业国际化扩张绩效的重要因素之一。同时，国际化速度可以体现为不同的侧面，将企业海外区位选择（广度）、海外销售承诺（程度）、海外资源承诺（深度）等国际化过程要素与时间维度内在地结合在一起进行考察将更加清晰全面地反映中国企业国际化的动态特征。深入细致地对国际化速度进行刻画，并在此基础上对其前置影响因素进行系统研究，促使企业更加理性地规避海外扩张的不确定性，并通过国际化扩张获得长期生存、发展以及增强对国际舞台的话语权是相当有意义的研究课题。而截至目前，现有研究对国际化战略的解读大多从资源、结构、创新、制度等层面展开，却忽略作为国际化战略决策者和负责人的高层管理者及其团队的认知思维以及行为特征对国际化速度的影响。真正将国际化速度研究落实到微观层面，从行为战略视角探究国际化速度出现的源头，具有非常深刻的理论价值。

基于此，本书从行为战略视角出发，以国际化速度的不同维度为研究内容，以具有国际化行为的中国上市公司为研究对象，通过构建2008~2015年间253家中国上市国际化企业共计2024个观测值所构成的平衡面板数据，对本书所构建的围绕国际化速度的行为战略解释的理论模型进行实证检验。本书的研究内容以及主要结论如下。

首先，在对以往文献进行系统梳理的基础上，将中国企业国际化扩张速度从销售承诺、资源承诺以及范围承诺三个维度进行划分，从而加强对中国企业国际化扩张速度刻画的完整性和真实性。

其次，从高管权力入手，探究高管权力对不同维度国际化速度的影响，并进一步考察高管团队国际化风险注意力在高管权力与国际化速度之间所起的中介作用。实证检验结果显示，在高管创建"企业帝国"内在动机和权力对管理者风险认知改变的双重影响下，高管权力对基于程度和深度的国际化速度均具有显著正向促进作用，对基于广度的国际化速度的直接影响效应并不显著。而高管团队国际化风险注意力在高管权力与不同维度的国际化速度之间均起显著的中介作用。

最后，考察群体冲突—高管团队任务导向断裂带和组织情境—业绩反馈顺差在高管权力与不同维度的国际化速度之间关系中所起到的调节作用。多元回归分析的结果表明，在群体冲突层面，高管团队任务导向断裂带会削弱高管权力强度对基于程度的国际化速度的正相关作用。但其对高管权力与基于深度与广度的国际化速度之间的调节关系并不明显；在组织情境方面，历史业绩反馈顺差的程度会对高管权力强度与基于深度和广度的国际化速度的影响起显著正向调节作用，对高管权力与基于程度的国际化速度之间关系的调节作用并未得以证明。

综上所述，本书基于行为战略视角，探讨高层管理者及其管理团队的认知、冲突、情境因素对国际化速度的影响，响应战略管理界回归微观基础的号召，丰富国际化过程理论，为中国情境下的快速国际化提供新的理论解释，并可以在一定程度上对企业国际化扩张和高管团队建设提供理论支持。

由于笔者水平有限，编写时间仓促，书中错误和不足之处在所难免，恳请广大读者批评指正。

目 录

第一章 引 言 ·· 001
  一、研究背景与问题提出 ··· 001
  二、研究意义 ··· 006
  三、技术路线和内容安排 ··· 008
  四、研究方法 ··· 012
  五、创新点 ·· 013
  六、本章小结 ··· 015

第二章 文献综述 ·· 016
  一、国际化速度研究综述 ··· 016
  二、行为战略理论以及具体行为变量的相关研究 ··················· 036
  三、国际化速度研究中的行为战略理论应用 ························· 056
  四、研究述评 ··· 061

第三章 理论模型及假设提出 ·· 064
  一、概念模型的提出 ··· 065
  二、高管权力与国际化速度 ·· 067
  三、高管权力与国际化风险注意力 ····································· 069
  四、高管团队国际化风险注意力与国际化速度 ····················· 071

五、国际化风险注意力在高管权力与国际化速度之间的
　　　　中介机制 …………………………………………… 074
　　六、高管团队任务导向断裂带：团队认知冲突的调节作用 … 076
　　七、企业业绩反馈顺差：组织决策情境的调节作用 ……… 079
　　八、本章小结 ……………………………………………… 084

第四章　研究设计 ……………………………………………… 086
　　一、样本选取与数据来源 ………………………………… 087
　　二、变量测量 ……………………………………………… 088
　　三、回归模型构建 ………………………………………… 101
　　四、本章小结 ……………………………………………… 104

第五章　实证结果及分析 ……………………………………… 105
　　一、描述性统计分析 ……………………………………… 105
　　二、假设检验 ……………………………………………… 117
　　三、稳健性检验 …………………………………………… 135
　　四、研究假设检验结果 …………………………………… 138
　　五、结果讨论 ……………………………………………… 139
　　六、本章小结 ……………………………………………… 142

第六章　研究结论及展望 ……………………………………… 144
　　一、研究结论 ……………………………………………… 144
　　二、研究启示 ……………………………………………… 146
　　三、研究局限及未来展望 ………………………………… 150

参考文献 ………………………………………………………… 153

第一章 引 言

一、研究背景与问题提出

(一) 研究背景

"加速国际化也许是发展中国家新兴跨国公司(EM – EMEs)最令人震撼的特征"(The Most Startling Characteristic)(Deng, 2012)。在中国政府"走出去"政策以及"一带一路"倡议的驱动下,中国企业近年来国际化扩张势头迅猛。《中国企业全球化报告(2017)》显示,全球经济依然复苏缓慢,在全球对外直接投资表现谨慎的2016年,发达经济体投资流入量小幅上扬,全球对外直接投资出现小幅下滑态势。但是2016年中国企业对外直接投资却逆势上扬,投资额高达1830亿美元,同比增长44%,成为全球第二大对外投资国,连续2年进入资本净输出国行列。

中国企业加速国际化主要具备两个显著特征:其一,与传统、成熟的跨国公司不同,作为跨国经营的后来者,新兴跨国公司的国际化动机大多带有机会寻求与战略资产寻求的显著特点,其目的在于,在尽可能短的时间窗口内,以国际化为机会克服新兴者劣势,实现弯道超车式的跨越(Madhok and Mohammad, 2012)。2016年《中国对外直接投资统计公报》中指出,从2002年开始,中国对外直接投资实现15年递增,2016年流量是2002年的72.6倍,占全球比重由2002年的0.5%提升至13.5%;从图1-1可以看出,这十几年来中国企业对外直接投资的速度整体呈上升趋势,2002~2016年的年均增长速度高达35.8%。这一特点在关于新兴跨国公司的跳板理论(Luo and Tung, 2007)、关联—杠杆—学习(Linkage-Leverage-Learning)理论(Tan and Mathews, 2015)以及战略双元理论(Luo and Rui, 2009)等中都有集中体现。其二,由于政府与国内制度环境的双重驱动,中国企业的国际化进程往往带有狂飙突进的冒险激进的特征。正如一些研究者所总结的,在中国政府与国内制度环境的驱动下,大量中国企业倾向于快速地采用海外直接投资作为基本的海外市场进入模式,但同时面临着国际化战略资源及管理能力极度缺乏所带来的巨大压力,这是中国企业近些年来国际化扩张的突出特征。而这些特征往往被诟病为高风险、激进等(Deng and Yang, 2015)。

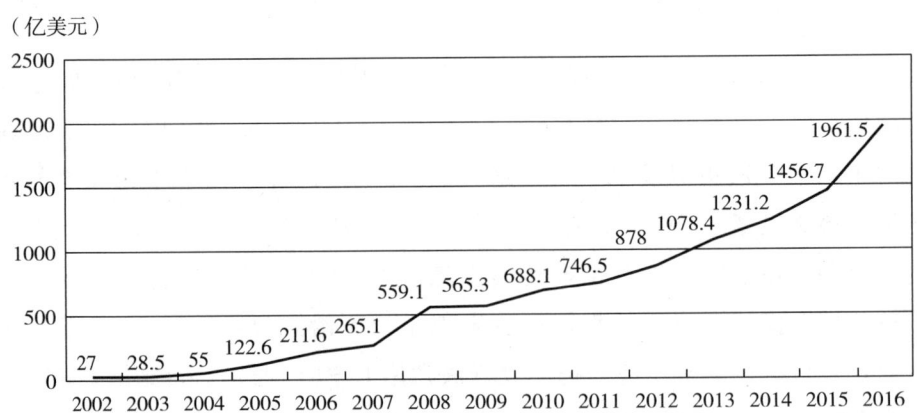

图1-1　2002~2016年中国对外直接投资流量情况

资料来源:《中国对外直接投资统计公报》(2016)。

第一章 引言

据中国贸促会经济信息部估计，迄今为止中国企业海外投资的成功率仅为1/3，失败率1/3，1/3不赔不赚。在激进、跳跃的国际化扩张背后，既存在大量的获取战略资源、实现组织目标的机会，也会为中国企业带来严重不确定性。据贸发会的统计，2007～2016年，各国对外投资政策出台数量持续增加。2016年，在全球58个国家中，涉及外商投资的法律法规共出台124项，比上一年增长25%，成为自2007年以来涉及外商投资法律法规出台数值最高的一年；其中限制对外投资政策数量共22项，与往年相比均有所增加。个别发达国家开始对外商投资规定实行收紧战略，对外投资监管和限制措施也相应增加。随着东道国投资限制壁垒的不断增加，中国企业对外直接投资的不确定性也大幅度上升。在这样的背景下，中国企业需要更为谨慎地对国际化风险进行考察，掌控好投资速度及节奏，降低非理性国际化决策的出现频率，最终实现在获取国际化成果的同时尽可能地降低不必要的风险。

因此，在对上述现象进行理论解读之后，本节认为除了强调资源、制度、结构等维度的要素之外，还应该涉及两个方面的努力和突破：第一，需要在现有"国际化程度—国际化绩效"（I-P）关系研究丰富成果的基础上，引入国际化速度的概念，将研究的焦点回归到国际化过程本身。国际化本质上是企业随时间推移而不断增大其海外市场参与以及承诺的时空动态变化过程，时间维度是国际化进程的核心，而国际化速度则是这一动态过程的基本属性，加速、激进等上述现象本身就是国际化过程这一基本属性的具体体现。另外，尝试从不同侧面对中国企业国际化速度进行衡量，从而有助于企业更加清晰地反映中国企业国际化扩张速度的特征，从而能够全面系统地掌控其国际化动态进程。这是本书研究的重要起点。第二，需要构建国际化速度的微观基础理论模型，以揭示中国企业跳跃式和加速化国际化进程的管理者认知基础及内部作用机制。"激进式"国际化过程只是一个表象，其背后折射的是中国企业国际化战略认知行为特征与战略决策逻辑。根据行为战略理论，组织战略决策最终取决于管理者及其团队认知。从某种意义上来说，组织战略决策是高层管理者塑造企业国际化的进程，并进而决定国际化的成败。因此，构建这样的理论模型，需要对中国管理情境下高层管理者及其团队认知特征做更进一步的揭示。

(二) 研究问题

快速、跳跃、战略创业等特征，是中国式国际化特殊性最为典型和集中的体现。作为国际化战略的决策者，高管及其团队的认知对国际化战略制定的影响显而易见。因此，本书拟以高管权力理论、注意力基础观、团队断裂带理论、业绩反馈理论等行为战略视角的经典理论以及国际化动态过程理论为基础，利用多来源纵贯数据，对不同维度的中国企业国际化扩张速度背后的高管及其团队认知层面影响因素进行分析，探讨在中国情境下高管权力对企业国际化速度的影响，并通过引入高管团队国际化风险注意力，进一步分析高管权力对国际化进程影响的内在机制，在此基础上，考察团队认知冲突—断裂带和组织情境—业绩反馈顺差对主效应的边界作用，实现对中国企业加速国际化现象更为系统深刻的理论解释。

本书要解决的问题包括以下几个方面。

第一，中国企业加速国际化现象的刻画与测量。国际化速度的刻画长期以来沿用初始进入速度的衡量方法，无法体现国际化速度的本义。在有限的国际化后速度的研究中，或者采用均值思想，或者采用单维度划分，无法系统展示国际化速度的动态、多维、复杂特征。本书拟采用基于程度、深度以及广度的国际化后速度概念，从国际化动态过程的不同侧面来反映中国企业加速的国际化现象。

第二，高管权力对中国企业国际化速度的影响效应研究。基于中国特殊的历史文化情境，组织内部高管往往具有较高程度的权力。权力会改变认知，从而改变决策行为。本书试图从理性认知—帝国构建以及非理性认知—风险偏好两个层面对高管权力与多维度国际化速度之间的相关关系进行探讨。在获取高额薪酬、保证职位安全性、维护在职声誉等私有利益的驱动下，具有较高权力的管理者有构建"企业帝国"的内在动机；而且高管拥有权力的程度会改变其战略选择的风险偏好性，高管会倾向于风险性较高的国际化扩张,体现为单位时间内国际化程度、深度和广度的快速增加,如图1-2所示。

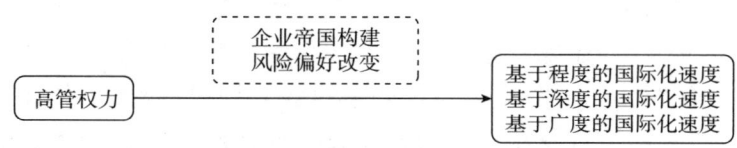

图1-2 高管权力对中国企业国际化速度的影响效应研究

第三,高管权力对国际化速度影响的内在影响机制研究。探讨高管权力对国际化动态过程的影响具有重要的理论和实践价值,但是鲜有研究能够回答高管权力是如何影响企业战略决策过程从而影响国际化速度的,即高管权力对国际化速度的影响"黑箱"尚未开启。根据情境—注意力配置—决策行为的注意力基础观经典范式,注意力可以作为解释高管权力对企业国际化战略决策影响的内部作用机制的重要中介变量。高管权力可以激发行为趋近模式,从而对风险较高的投资项目更为偏好;中国情境赋予高管较强的权力感知,在情境聚焦的影响下,高管团队会更加关注投资动机而非投资风险,也会表现得更加坚持己见,忽略他人意见;而当高管团队将有限的注意力越少地配置于国际化投资风险时,其国际化投资在时间上的体现就会越快速。本书试图探讨高管团队国际化风险注意力在高管权力与不同维度国际化速度之间的中介作用,基于权力理论、注意力基础观、管理者认知、中国情境等多重视角,进一步从微观层面揭示高管权力对国际化进程的内在影响机制,如图1-3所示。

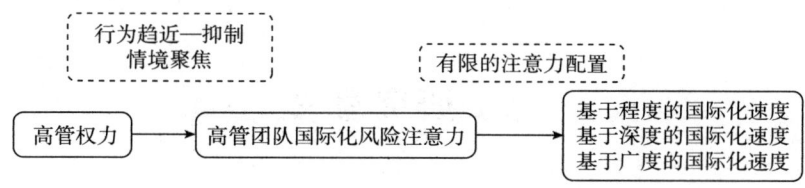

图1-3 高管权力对国际化速度影响的内在机制研究

第四,高管团队任务导向断裂带以及业绩反馈顺差对高管权力与中国企业加速国际化之间关系的调节效应(见图1-4)。团队认知既受个体认知的影响,同时也受团队内部认知冲突和组织情境的影响。目前大部分实证研究均以西方发达国家企业为样本,结论不具有普适性。中国企业长期受儒家文化影响,在制度、文化、管理方面均具有特殊性。中国较高的权力距离、"官本位"的思想和"以和为贵"的传统,会对高管团队战略决策过程及产出产生重要影响。任务导向断裂带可以导致高管团队在信息共享、团队冲突以及风险共担方面发生变化,从而改变最终的团体认知;而业绩反馈顺差可以造成管理者过度自信,为董事会提供管理层决策的合法性信号,为风险性决策提供足够的资源冗余,并且促使管理者在损失厌恶的心理状态下更加追求风险性决策。因此,团队认知冲突以及组织出现业绩反馈顺差的情境如何以及在何种程度上对高管权力与国际化速度的相互关系产生影响是本书要解决的主要问题之一。

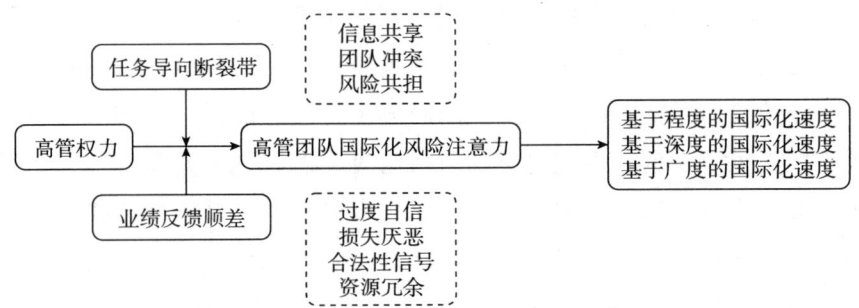

图1-4 高管团队任务导向断裂带以及业绩反馈顺差对高管权力与中国企业加速国际化之间关系的调节效应

二、研究意义

在全球经济复苏缓慢、各国对外投资谨慎的背景下,中国企业近十几年来以跨国经营的后来者身份，却实现了加速、跳跃的国际化进程。明显区别于发达国家的传统跨国公司，中国企业大多未遵循循序渐进的企业国际化阶段原则，表现出明显的加速化和跳跃性，国际化扩张进程令世界瞩目。相对于中国企业国际化广度和程度较为丰富的研究成果而言，国际化速度的影响因素以及战略绩效等相关问题正逐渐成为近些年研究的热点（喻红阳，2014）。本书以行为战略理论为基础视角，围绕企业的多维度国际化速度特征进行深入研究。

（一）理论意义

第一，从认知的视角来探讨不同企业在不同维度国际化速度方面的差异，从而弥补国际化速度相关前置因素研究的不足。目前对国际化速度的前置因素解释不多，且大多从结构、资源、创新、制度等层面探讨对国际化速度可能产生影响的因素。从认知角度出发的研究少之又少，且大多零散，不成体系。因此，本书通过构建个体—群体—情境三个层面的国际化速度行为战略理论模型，真正将国际化战略落实到微观层面，能够对以往研究进行补充和深化。

第二，从认知角度揭示高管权力对国际化速度影响的内部机制和作用机理，深化高管权力理论和国际化速度理论。目前，高管权力对于战略选择及组织绩效的研究结论并不统一。在权力距离较高的中国文化中，在风险性较高的国际化决策中，高管权力对中国企业国际化战略的作用机制究竟是怎样的呢？本书将高管权力的影响机制降低到管理者认知层面，从而能够给予其一个真正的理论假设。通过打开高管权力对中国企业国际化扩张速度之间影响机制的"黑箱"，有助于丰富高管权力和中国情境的相关研究，有助于从管理者认知角度全面认识权力对国际化战略的影响机制。

第三，引入团体断裂带和业绩反馈理论，将团队冲突和组织情境纳入研究体系，有助于构建完整的管理者认知与国际化战略的相关理论。群体认知是由个体因素、群体冲突以及组织情境共同决定的，在以往的研究中，并没有研究将这几个层面的内容相结合以构建系统研究。通过探讨群体冲突和组织情境对高管权力与国际化速度之间关系的边界作用,可以实现行为战略视角下不同理论范式的融合,从而很好地推动行为战略理论和国际化速度理论的深化研究。

(二)现实意义

第一,国际化速度是多维、复杂的动态过程概念,从任意单一维度对国际化速度进行衡量,都将有失偏颇。本书从三个维度去探讨国际化速度的特征,能够帮助管理者从不同侧面对国际化扩张过程进行考察,从而对企业的国际化扩张动态过程有一个更加真实和完整的把握。

第二,研究国际化速度背后的认知基础,能够引起企业利益相关者对管理者及其团队认知的重视。中国企业的国际化实践正处于战略转换阶段,中国跨国公司的第一代领导人即将面临整体退休,高管团队的变化将对中国企业未来的国际化战略产生巨大影响。本书的实证结果表明,高管权力会对企业国际化战略决策产生至关重要的影响。与此同时,高管团队内部的隐形冲突以及以往业绩的冲击都会对这一决策过程产生影响。因此,本书将引导企业深刻认识到管理者及其团队国际化过程的影响,从而进行强有力的治理结构设计,加大对高管层对外直接投资决策的监督力度和激励机制,降低因认知误差做出的决策给企业价值带来的损害。除此之外,注重高管团队结构,深入了解潜在冲突可能对组织决策造成的影响而加以控制,制定合理的业绩考核指标,降低以往业绩可能对企业国际化决策造成的影响。

三、技术路线和内容安排

(一)技术路线

根据发现问题、分析问题以及解决问题的基本研究思路,将文献研究、理论研究以及实证研究方法相结合，本书构建了基于行为战略视角的国际化速度研究模型，技术路线如图1-5所示。

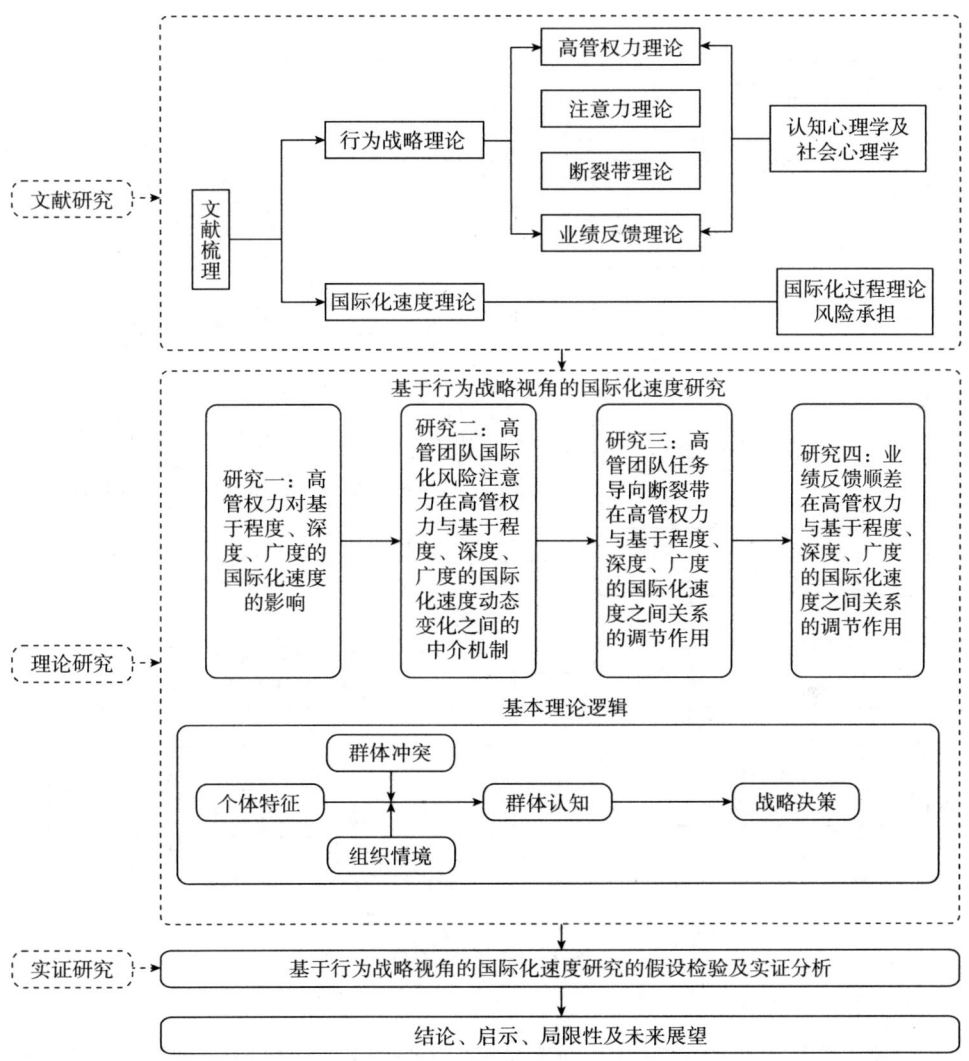

图1-5 技术路线

（二）内容安排

本书共分为六章，各章的主要研究内容具体安排如图1-6所示。

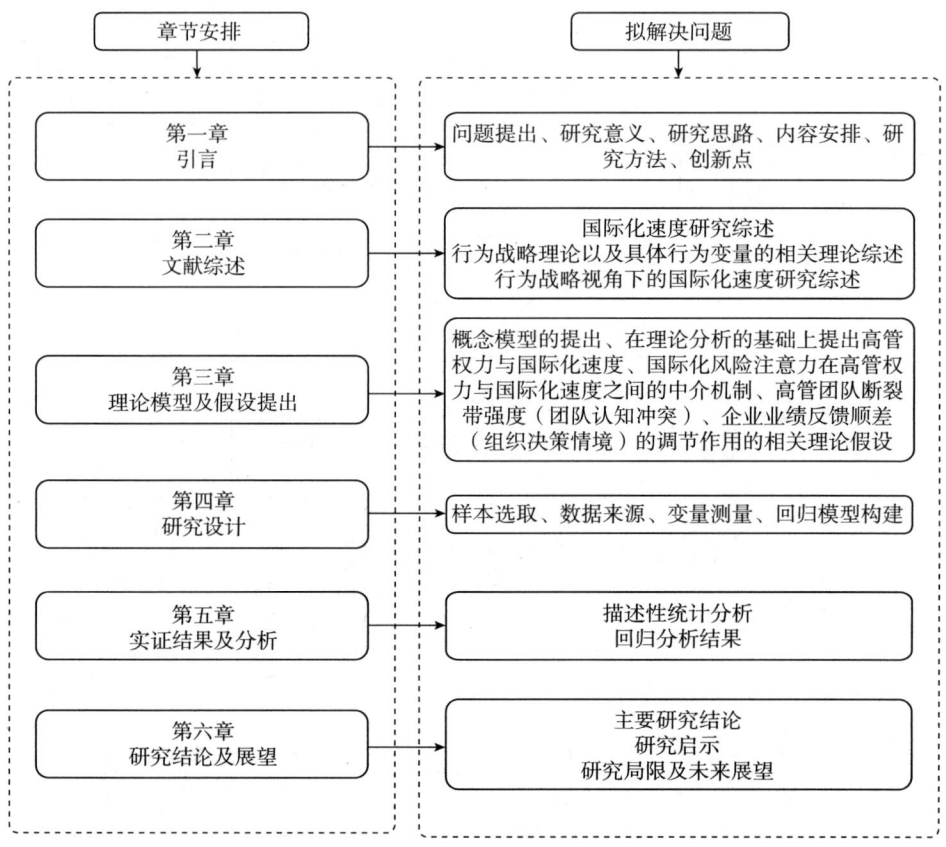

图1-6 内容安排

第一章基于目前的理论及现实背景，阐述研究动机以及理论及实践意义、介绍文章的整体研究思路和各章内容安排，并对本书采用的各种研究方法和可能的理论创新点进行归纳和系统介绍。

第二章从国际化速度理论的产生、关注的时间层面、测量维度的增加等对国际化速度理论进行系统梳理,确定研究对象;从行为战略视角的不同研究范式(还原论、多元论、情境论)以及不同研究理论(高管权力、注意力基础观、断裂带理论、业绩反馈理论)入手进行文献综述,在此基础上梳理基于行为战略视角的国际化速度现有研究,并对此进行述评,为整体理论框架的构建和假设的提出奠定扎实的理论基础。

第三章首先在理论述评的基础上,根据认知心理学的基础理论,构建整体概念模型,将国际化速度按照国际化决策的主要内容划分为基于程度、深度以及广度的国际化速度三个维度,对国际化速度的多个层面特征进行更加细致的刻画。其次以行为战略理论为基础,探讨高管权力、高管团队国际化风险注意力、高管团队任务导向断裂带以及业绩反馈顺差与三个维度的国际化速度之间的关系,并提出相关理论假设。

第四章在上文理论构建和所提假设的基础上,以2008~2015年具有国际化行为的中国上市公司为研究对象,利用国泰安、锐思等数据库以及财经类网站、上市公司年报、企业官方网站等渠道进行数据搜寻、人工整理和数据挖掘并构建纵贯面板数据。除此之外,根据研究目的、研究对象、数据可得性以及搜集数据的具体特性,确定模型中各变量的具体衡量方法,并构建回归分析模型。

第五章对前文所提出的主效应、中介效应以及调节效应的理论假设依次进行检验。首先,将对所选取样本的内容和结构进行整体汇报,并对样本变量进行描述性统计分析,以反映样本变量的简单相关关系。其次,根据上文模型,通过相关统计检验,运用多元线性回归模型来分析变量间关系,所用统计软件为Stata14.0。最后,将详细汇报19个理论模型的统计分析结果,并有针对性地进行结果讨论。

第六章对全文研究主题及结论进行总结及概括,并从实践角度提出本书的研究启示及政策性建议。另外,详细地列举本书可能存在的不足,并对未来相关研究方向提出进一步的展望。

四、研究方法

（一）文献分析法

通过系统搜集和整理国际化动态过程相关文献，从国际化程度到国际化速度、初始进入速度到国际化后速度、单维度国际化速度到多维度国际化速度等若干层面由浅入深、由简入繁地介绍国际化速度的相关研究背景和发展脉络；根据行为战略视角三个理论范式的比较分析以及理论界对行为战略研究不同范式之间融合的号召，通过对高管权力、注意力、断裂带以及业绩反馈等行为战略视角基础理论文献的阅读、分析以及系统梳理，逐渐确定本书的理论框架以及研究方向；对基于行为战略视角的国际化速度研究进行文献搜集和整理工作，发现国际化速度的相关研究刚刚兴起，且大多基于理性人假设，对其基于行为战略视角进行解释的相关研究还十分缺乏，国际化速度研究缺乏一个真正的微观基础研究。

（二）理论分析法

在行为战略理论的模型框架内，结合我国国际化扩张的现实和历史文化情境，探讨在我国现实情境下最为突出的变量或者假设，尝试从理论上得到能够有益于指导中国企业国际化实践的结论。具体来说，以中国企业国际化速度为研究对象，从行为战略视角的基础理论——认知心理学以及社会心理学入手，引入中国企业的典型现象——高管权力是否对国际化战略投资行为产生影响以及如何产生影响的假设，探讨高管具有高度权力时对国际化动态过程决策所能产生的直接影响以及中介机制。除此之外，还加入团体认知冲突（高管团队任务导向断裂带）以及组织情境（业绩反馈顺差）对上述影响效应的边界作用，使模型更加关注国际化动态过程背后真实的管理者逻辑。

（三）实证分析法

首先，在文献研究基础上，确定国际化速度的三个维度指标和各主要变量的测量方法，选择恰当的研究样本，通过权威数据库、官方网站等可靠渠道获取数据，构建2008~2015年中国上市公司国际化行为的动态面板数据。

其次，在理论推演基础上，构建整体理论模型以及回归模型。利用现代计量方法，如描述性统计、简单相关分析、多元线性回归等统计方法，采用Stata14.0作为计量分析工具，对高管权力与国际化速度的主效应、高管团队国际化风险注意力在高管权力与国际化速度之间的中介效应，以及高管团队任务导向断裂带与业绩反馈顺差对高管权力与国际化速度之间的调节效应进行研究，并在此基础上进行回归分析。

最后，对上述结果进行稳健性检验，进一步确认回归结果的稳健性和可靠性。

五、创新点

国际化战略研究已经逐渐突破以往的静态、单维、线性思维，开始关注国际化战略的动态过程本身。目前，国际化速度研究在国内外均属于刚刚起步阶段，未来具有极为广阔的发展空间。本书可能的理论创新点有以下几个方面。

第一，以中国企业国际化后速度为研究对象，结合国际化战略决策内容构建国际化速度多维体系展开系统研究。已有研究大多基于国际新创企业理论或者天生国际化理论将国际化速度定义为国际化初始进入速度，关于国际化后速度的前因变量的系统研究非常少。同时，关于国际化后速度的少量研究中，大多是单维度的指标体系，或者采用国际化程度的变动率来对国际化后速度进行衡量，或者采用子公司个数或者所在区域数量的变动率来对其进行代理测量。本书认为，国际化扩张速度是模式、位置等国际化战略变量随时间的变化，其必然是多维的概念。鉴于此，本书在对以往文献进行归纳总结的基础上，结合前人的研究，将国际化速度的概念分为基于程度的国际化速度——销售承诺、基于深度的国际化速度——投资承诺、基于广度的国际化速度——范围承诺共三个维度，为更加全面客观地衡量国际化扩张速度提供依据。这种多维度国际化速度体系的构建可以弥补以往研究的不足，能够深入刻画中国企业国际化扩张动态过程的不同侧面，从而得到关于中国企业国际化更加具有实践性和真实性的研究结论。截至目前，中国情境下国际化后速度多维体系的构建和前因变量的系统研究在现有文献研究中属于全新的尝试，有助于加深对中国特色国际化进程的理解。

第二，基于行为战略视角，从个体认知、群体冲突和组织情境三个层面构建中国企业国际化后速度的微观基础模型，对行为战略视角下三个不同理论范式的结合做出一定程度的贡献。在为数不多的关于国际化速度前因变量影响的论文中，大多从结构观、资源观以及创新观等角度基于"理性人"假设对国际化速度进行解释。事实证明，真正对最终决策起决定作用的是战略制定者的认知以及行为。但是作为一种新兴理论视角，真正系统地从行为战略角度对国际化动态过程进行研究的文献极为匮乏。因此，为响应战略管理界所作出的"从微观基础探讨战略问题"的号召，结合中国情境，本书选取高管权力、风险注意力、高管团队任务导向断裂带以及业绩反馈等行为战略视角的具体理论为依据，探讨在权力距离比较高的中国情境下，高管权力是否以及如何影响国际化速度的不同侧面，在团队出现认知冲突以及在以往业绩反馈的影响下，这一关系的作用机制将如何发生变化。本书基于认知心理学的基本观点，真正系统地构建理论模型，从行为战略视角对中国企业国际化速度进行解释,进一步丰富国际化速度理论研究和行为战略理论,从微观层面深化国际化速度理论的研究,丰富行为战略视角的理论解释力。

第三,打开高管权力影响国际化动态过程决策的"黑箱",引入高管团队国际化风险注意力的概念,探讨其在高管权力与国际化速度之间的中介作用,创新性地从内在机制角度拓展高管权力理论及中国情境下的国际化速度研究。目前关于高管权力的经济后果研究结论并不统一,其根本原因在于绝大多数高管权力的相关研究均基于委托代理理论展开,忽略权力为管理层带来的认知偏差,而这些认知偏差恰恰是更深入地认识权力影响决策中间机制的重要工具。当管理层面临国际化战略这一类风险性、复杂性较高的战略决策时,权力对其产生影响的内部机制会更加复杂,但是极少有研究涉及这一层面。基于此,在大量阅读相关文献的基础上,本书引入高管团队国际化风险注意力的概念,认为具有较高权力的高层管理者首先会改变对国际化风险的认知,从而改变其最终的国际化战略决策。这一结论是高管权力作用机制研究的重要补充,同时,又为中国企业"快速""跳跃"的国际化进程增加崭新的微观层面解释。

六、本章小结

本章首先对现实的研究背景进行简要介绍,结合现有文献,提出本书的研究问题。其次详细阐述本书的理论及现实意义,并给出整体研究的技术路线和章节安排。最后对本书采取的研究方法和可能存在的理论创新点进行具体介绍。

第二章
文献综述

本书的主要研究问题是探究中国企业加速、跳跃的国际化进程背后的管理者认知及行为逻辑。作为企业战略的决策者和负责人，在中国的特殊情境下，在面对风险性较高的国际化决策时，拥有较高权力的高管会产生怎样的认知并最终做出决策，高管团队内部群体冲突以及组织绩效期望顺差又会对这一认知机制产生怎样的影响，这是本书关注的问题。作为国际商务领域以及战略管理领域的前沿问题之一，国际化速度研究刚刚起步，基于行为战略视角的相关研究成果并不丰富，对相关研究系统性的梳理和分析尤为必要。因此，本章将对本书所涉及的主要理论问题和实证研究进行文献回顾及述评，总结理论发展脉络和研究前沿，提出研究空白及不足，为后续相关研究奠定理论基础。

一、国际化速度研究综述

企业国际化有其固有的动态本质，是"一系列国际化事件在一个动态发展过程中发生并展开的时间序列"（Jones and Coviello, 2005），具体表现为企业随着时间推移而不断增加其海外市场参与以及国际化承诺的动态变化过程（Casillas and Moreno‐Menéndez，2014）。任何一个国际化决策，其决策内容必然都涉及模式、位置和时间三个层面。作为时间维度的关键体现，国际化速度涉及企业资源和国际化机会的统一协调，是国际化战略的重要方面，也是国际化绩效的决定因素之一（Chetty，Johanson and Martín，2014）。但是相对于国际化决策的其他方面，国际化进程的时间维度长期以来被传统国际化理论忽略。直到国际创业研究热潮兴起并将其定义为"企业创立到首次国际化的时间"（Oviatt and McDougall，1994）之后，国际化过程的时间维度本身才逐渐成为研究的主题（Chetty，Johanson and Martin，2014；Casillas and Moreno‐Menendez，2014）。

国际化速度研究成为独立研究主题的时间较短，理论研究的系统性不足，内容相对分散。为了更全面地了解国际化速度相关研究，在外文文献搜集方面，本书基于 Web of Science、EBSCO、ProQuest、Kluwer Online 和 Jstor 等权威数据库，以"internationalization speed""pace""rapid""early""accelerated international""age at entry"等关键词对文献进行检索，同时，以"国际化速度""快速国际化"等关键词在中国知网上对中文文献进行检索，在对所有文献进行简要阅读并对无关文章进行排除后，获取49篇与国际化速度研究主题最为相关的研究型论文，并对这49篇文献进行细致深入的阅读。这些文章的基本内容如表2-1所示。

（一）国际化过程的研究视角：从静态到动态

国际化进程（International Process）是国际商务领域的基本问题和重要维度。传统国际商务理论认为，企业国际化应该是一个随时间发展而不断增加国际化承诺的过程（Welch and Luostarinen，1988）。作为最经典的国际化理论之一，Uppsala 模型提出，在国际化的演进过程中，企业在国际目标市场以及市场进入模式的选择上都是渐进式发展的。换句话说，国际化企业持续获取、整合以及利用海外市场的相关知识及经验，从而有能力实现从出口到对外直接投资、从海外邻近市场逐渐进入"心理距离"（Psychic Distance）越来越大的新市场（Johanson and Vahlne，1977）。在某

表2-1 国际化速度相关研究

作者	年份	方法	样本	测量	性质	维度	解释变量	被解释变量	边界条件	内部机制
方宏和王益民	2018	二手数据，量化研究	2007~2013年具有国际化行为的301家中国上市公司	海外子公司个数与国际化年限的比值	国际化后速度	单维	高管过度自信	国际化速度	内部股权结构，外部国际化压力	
方宏和王益民	2018	二手数据，量化研究	2007~2013年具有国际化行为的301家中国上市公司	海外子公司个数与国际化年限的比值、海外子公司所在国家数与国际化年限的比值	国际化后速度	双维	高管过度自信	基于深度的国际化速度、基于广度的国际化速度	政治网络	
Hilmersson等	2017	量化研究，调查问卷	瑞典的203家中小企业	企业建立到首次国际化的时间差	初始进入速度、进入后速度	双维	初始进入速度、国际化后时间	国际化后速度	国际化后时间	
Mohr和Batsakis	2017	量化研究，二手数据	2003~2012年111家国际化零售商	海外子公司数量与国际化年限的比值	国际化后速度	单维	国际化速度	企业绩效	企业国际化范围，国际化经验	
方宏和王益民	2017	量化研究，二手数据	2007~2013年具有国际化行为的301家中国上市公司	海外子公司个数与国际化年限的比值	国际化后速度	单维	国际化速度	财务绩效	内部资源冗余，外部国际化压力，内部知识资本	

续表

作者	年份	方法	样本	测量	性质	维度	解释变量	被解释变量	边界条件	内部机制
宋铁波、钟熙和陈伟宏	2017	量化研究,二手数据	2012~2015年中国A股制造业上市公司	海外销售收入比例、海外子公司比例的算术平均值的变动率	国际化后速度	复合	期望差距	国际化速度	高管国际经验、政治关联	
黄胜、叶广宇和丁振阔	2017	量化研究,调查问卷	1350家具有独立经营权的中国国际新创企业	首次国际化时间;国际化广度与国际化年限的比值;海外销售比例、海外雇员比例以及海外资产比例的算术平均值	初始进入速度,国际承诺速度、国家范围速度	多维	初始进入速度、国际承诺速度、国家范围速度	国际新创企业生存及成长绩效	高管学习导向	
Hilmersson 和 Johanson	2016	量化研究,调查问卷	瑞典南部的203家中小企业	商品出口的国家数与国际化年限的比值、出口额占总销售比例与国际化年限的比值、海外资产比例与国际化年限的比值	国际化后速度	多维	国际化范围速度、国际贸易成长速度、国际化承诺速度	企业绩效		
Love、Roper和Zhuo	2016	量化研究,调查问卷	2011~2013年UKTI中涉及的英国出口企业	企业年龄与国际化元年是不是在同一个时间段	初始进入速度	单维	国际化经验、企业年龄、管理者国际化经验、出口的早晚、创新	出口范围和密集度		

续表

作者	年份	方法	样本	测量	性质	维度	解释变量	被解释变量	边界条件	内部机制
Schu, Morscett 和 Swoboda	2016	量化研究,二手数据	1995~2014年150家欧洲的线上零售商	企业连续进入不同市场的间隔天数	国际化后速度	单维	模仿性、网络、国际化距离、附加距离、地理范围、地理范围的多样性程度	线上零售商的国际化速度		
Casillas 和 Moreno-Menéndez	2014	量化研究,二手数据	1986~2008年889家西班牙企业	连续两次海外扩张的间隔天数	国际化后速度	单维	关于海外市场和模式的多样性的累积经验;关于东道国和模式的国际化经营模式的经营深度	国际化速度		
Chetty, Johanson 和 Martin	2014	量化研究,调查问卷	178家西班牙中小企业	国际化承诺速度,国际化学习速度	国际化后速度	双维	国际化速度	国际化绩效		
Hilmersson	2014	量化研究,调查问卷	203家瑞典中小企业	出口市场数量与企业年龄的比值	国际化后速度	单维	中小企业国际化规模、范围、速度	中小企业在市场动荡时期的绩效	企业资源	

续表

作者	年份	方法	样本	测量	性质	维度	解释变量	被解释变量	边界条件	内部机制
Jiang, Beamish 和 Makino	2014	量化研究，二手数据	1578家进入中国市场的日本企业	连续两次海外投资的时间间隔	初始进入速度；国际化后速度	单维	子公司国际化速度	子公司绩效	子公司进入时机	
Jørgensen	2014	质性研究，案例研究	7家挪威企业	企业建立到首次获得海外销售收入的时间间隔	初始进入速度	单维				
Mohr 和 Batsakis	2017	量化研究，二手数据	29个不同国家的144家国际化零售商	海外子公司数除以国际化年限	国际化后速度	单维	无形资产，国际化经验	国际化速度	母国区域集中度	
Powell	2014	量化研究，二手数据	114家进入中国的法律企业	是否进入中国市场以及进入时间的复合变量	初始进入速度	复合	企业盈利	进入中国市场的速度		
Lin	2014	量化研究，二手数据	2000~2008年772家中国台湾上市公司	海外子公司个数与国际化年限的比值	国际化后速度	单维	组织冗余，企业绩效反馈逆差	国际化速度；国际化范围；国际化节奏	组织冗余	
Trudgen 和 Freeman	2014	质性研究，案例研究	7个澳大利亚案例			多维	天生国际化发展阶段，早期国际化，国际化成长	天生国际化企业绩效		

续表

作者	年份	方法	样本	测量	性质	维度	解释变量	被解释变量	边界条件	内部机制
Casillas和Acedo	2013	理论性文章								
林治洪、陈岩和秦学志	2013	量化研究,二手数据	2006~2011年中国制造业上市公司	国际化程度(FSTS)变动率	国际化后速度	单维	国际化速度	财务绩效	政府参与;外资参与;企业隶属级别;政府区域市场化程度	
Lin	2012	量化研究,二手数据	2000~2008年656家中国台湾企业	海外子公司数与国际化年限的比值	国际化后速度	单维	家族所有权	国际化速度、范围、节奏		
Chen和Yeh	2012	量化研究,二手数据	1997~2007年在中国大陆投资的台湾企业	连续两次海外投资的时间间隔	国际化后速度	单维	生产效率、基础设施、劳动力成本、市场规模、开放程度、政策驱动、研发能力、劳动力素质、FDI速度	在中国大陆最初到最终的投资审批顺序		

续表

作者	年份	方法	样本	测量	性质	维度	解释变量	被解释变量	边界条件	内部机制
Sui, Yu 和 Baum	2012	量化研究, 二手数据	1997~2004年6079家加拿大国际化中小企业	首次国际化时间; 海外销售比例; 全球销售占海外销售比例	初始进入速度	多维	企业年龄	企业国际化模式		
Zhou, Wu 和 Barnes	2013	量化研究, 调查问卷	159家中国企业	首次国际化时间	初始进入速度	单维	国际化时间	国际化成长	国际化承诺; 国际化市场类型	市场能力
Chang 和 Rhee	2011	量化研究, 二手数据	1970~2003年276家韩国上市公司	海外子公司个数与国际化年限的比值	国际化后速度	单维	FDI速度	企业绩效	企业资源; 产业国际化程度	
Ramos, Acedo 和 Gonzalez	2011	量化研究, 二手数据	1990~2006年945家西班牙企业	首次获得海外销售收入的时间	初始进入速度	单维	创新技术, 研发投入, 前一年的销售收入, 人力资源投入	海外市场进入速度		
Prashantham 和 Young	2011	理论性文章		国家范围速度; 国际化承诺速度	国际化后速度	双维				
Khavul, Pérez-Nordtvedt 和 Wood	2010	量化研究, 调查问卷	来自中国（71家）、印度（48家）、南非（47家）的年龄低于10年的166家企业	首次国际化年限	初始进入速度	单维	国际化程度; 国际化速度; 国际化范围	企业绩效	重要客户纽带	

续表

作者	年份	方法	样本	测量	性质	维度	解释变量	被解释变量	边界条件	内部机制
Musteen, Francis 和 Datta	2010	量化研究, 调查问卷	1989年共产主义衰落后建立的155家捷克中小企业	首次国际化年限	初始进入速度	单维	CEO认知；关系嵌入；结构嵌入	国际化速度		
Morgan–Thomas 和 Jones	2009	量化研究, 调查问卷	200家英国中小企业	国际化销售达到一定比例的时间	国际化后速度	单维	知识密集度；信息通信技术依赖；国际多元化战略；国际化渠道战略	国际化销售速度		
Coeurderoy 和 Murray	2008	量化研究, 调查问卷	年龄小于10年的375家新科技企业的1396次市场进入	首次国际化时间	初始进入速度	单维	不同市场法律系统的相似性；进入市场的管制水平；国际化经验	国际化速度		

续表

作者	年份	方法	样本	测量	性质	维度	解释变量	被解释变量	边界条件	内部机制
Gabrielsson 等	2008	质性研究、案例研究	来自希腊（2家）、芬兰（2家）、挪威（2家）和意大利（2家）的8家天生国际化企业		初始进入速度；国际化后速度	双维	依靠组织、创办者、产品、创新、网络等搜索快速成长的正确渠道；国内外风险投资、整合运营战略、整合市场战略、组织学习、资源积累、社会网络、市场战略和全球化视野、有效承诺	国际化快速扩张		
Kiss 和 Danis	2008	理论性文章		首次国际化时间	初始进入速度	单维	网络关系特征	国际化速度	海外市场的制度发展水平	
Acedo 和 Jones	2007	量化研究、调查问卷	西班牙南部的104家中小企业	根据首次国际化时间将国际化速度分为三个类别	初始进入速度	单维	前摄性；国际化导向；模糊容忍度	国际化速度		风险感知

续表

作者	年份	方法	样本	测量	性质	维度	解释变量	被解释变量	边界条件	内部机制
Acedo 和 Casillas	2007	量化研究，调查问卷	104家西班牙企业	企业建立到首次进入海外市场的时间间隔	初始进入速度	单维	管理者教育水平、专业经验	国际化速度		风险感知、模仿、出口扶持
Kuivalainen, Sundqvist 和 Servais	2007	量化研究，调查问卷	185家芬兰中小企业	企业建立到首次国际化的时间间隔不多于3年	初始进入速度	单维	天生国际化程度	创业导向和出口绩效		
Nadolska 和 Barkema	2007	量化研究，二手数据	25家荷兰企业	每年的海外兼并数	国际化后速度	单维	国内收购经验、国际收购经验	每年国际化收购数量、国际化收购的成功率、国际化合并经验		
Zhou	2007	量化研究，调查问卷	中国775家新创的私营出口企业	从企业建立到获得20%的海外销售比例的时间间隔	初始进入速度	单维	创业倾向	国际化销售的成长		海外市场知识
Zucchella, Palamara 和 Denicolai	2007	量化研究，调查问卷	144家意大利中小企业	从企业建立到首次获得国际化收入的时间间隔	初始进入速度	单维	创业、商务、网络、位置因素	早期国际化		

续表

作者	年份	方法	样本	测量	性质	维度	解释变量	被解释变量	边界条件	内部机制
Pla–Barber 和 Escribá-Esteve	2006	量化研究，调查问卷	271家出口份额不低于25%的西班牙企业	根据首次出口时间、海外销售比例以及海外出口国家数量得出的虚拟变量	初始进入速度	单维	前摄性、反应性、营销差异度、全球化、战略视野、技术差异性、网络关系密度	加速国际化		
Spence 和 Crick	2006	质性研究，案例研究	加拿大和英国的24家高科技中小企业		初始进入速度	单维	计划战略决策	国际化速度		
Luo, Zhao 和 Du	2005	量化研究，二手数据	93家美国电子商务公司	企业建立首次国际化时间间隔	初始进入速度	单维	TMT国际化经验、市场创新能力、区位集聚、互联网能力、技术支持、监管透明度、法律保护	国际化速度		
Oviatt 和 McDougall	2005	理论性文章		机会发现到首次市场进入的时间间隔；进入海外市场的速度；进入心理距离较远的市场的速度	初始进入速度；国际化后速度	多维	技术、机会、竞争	国际化速度	知识、网络关系	创业者感知

续表

作者	年份	方法	样本	测量	性质	维度	解释变量	被解释变量	边界条件	内部机制
Chetty 和 Campbell-Hunt	2004	质性研究，案例研究	新西兰的16家企业	海外销售收入比例；企业建立到首次出口的时间间隔	初始进入速度；国际化后速度	双维	母国市场重要性；先前国际化经验；心理距离；学习；战略	国际化速度及时间		
Wagner	2004	量化研究，二手数据	德国的83家大型上市公司	海外销售比例五年变化率	国际化后速度	单维	国际化速度	成本效率		
Moen 和 Servais	2002	量化研究，调查问卷	来自丹麦、法国和挪威的677家企业	企业建立到首次海外出口的时间间隔	初始进入速度	单维	出口开始时间；企业建立时间；国内市场规模；产业国际化程度；产品专利；知识密集度	分销类型；服务市场距离；服务市场数量；全球化导向和出口密集度		
Vermeulen 和 Barkema	2002	量化研究，二手数据	22家荷兰企业的子公司	海外子公司数与国际化年限的比值	国际化后速度；节奏	单维	海外子公司数	企业绩效	国际化速度；国际化范围；国际化节奏	
Autio, Sapienza 和 Almeida	2000	量化研究，二手数据	59家芬兰企业	速度是1992~1997年海外销售收入的变化率；进入年龄是企业建立与首次获得海外销售收入的时间间隔	初始进入速度；国际化后速度	双维	进入海外市场时间；企业年龄；知识密集度	海外销售收入增长速度		

资料来源：根据以往文献整理。

一海外市场进行投资的企业倾向于在该市场持续增加企业职能、扩张业务线,而非向其他不熟悉的市场进行投资(Kogut and Chang,1996)。企业国际化进程是一种渐进式的知识学习和经验累积过程(Johanson and Vahlne,1977,2009)。Mathews 和 Zander(2007)认为,企业国际化的进程虽然并未严格阶段化,但是其创业观察以及战略活动均遵循一种阶段化的模式。

经典国际化理论的着眼点集中于"外来者劣势"的规避以及国际化经验性知识的累积,强调渐进式改变海外市场承诺,从而降低国际化风险,提升国际化绩效。在这种前提下,国际化理论大多聚焦于国际化动机、国际化模式以及国际化区位的相关静态研究(Eden,2009),而现实当中复杂、动态、多元的国际化进程却被人为简化,时间维度被长期处理为一个隐含维度,并没有真正把企业海外市场区位选择、进入模式选择等国际化过程要素与时间维度内在结合在一起(Casillas and Moreno‑Menéndez,2014)。国际化进程动态研究并未获得足够的关注。

在这一阶段,由于理论界大多认为国际化过程是连续的、渐进的,而不同的国际化程度应该代表企业国际化进程的不同阶段(Vernon,1966;Hu et al.,1992),因此学者们大多采用截面、静态的思维对国际化进程进行研究,用"国际化程度"的概念来衡量国际化进程的特征。在 Sullivan(1994)发展出较为成熟的衡量国际化程度的多维指标之后,学术界对国际化程度的研究更为丰富(Zahra,Ireland and Hitt,2000;Dow,2006)。过去近30年间,围绕国际化程度与绩效之间关系的相关研究大量涌现,但是,到目前为止,两者之间关系的实证分析结果仍然存在争议。尽管两者之间关系并非简单线性关系这一结论已经成为学术界的广泛共识,但是 U 型、S 型、J 型、倒 J 型、水平 S 型等非线性结果仍然混杂,至今无法得出一个确定的结论(Wagner,2004)。事实上,部分企业确实可以通过提高或者降低国际化程度而使企业获得高额绩效,但是同样的国际化程度却并不能够使其他企业获利。究其根源,抛却相关情境因素的影响,以往研究往往忽略国际化程度的动态形成过程本身的复杂性对其绩效后果的影响

(Vermeulen and Barkema, 2002)。静态的国际化程度指标无法体现企业在范围、模式、时间等维度的动态发展过程。企业可能在较短时间内通过出口给制度距离较低的海外市场而获得较高的国际化程度,也可能在较长时间内通过海外直接投资到制度距离较高的海外市场而获得同样的国际化程度。根据组织学习理论的相关研究结论,不同企业学习能力和吸收能力存在差异,即使同一截面下企业的国际化程度相同,其形成路径及模式的差异也同样会导致差异化的国际化学习效果以及差异化的绩效效应(Jiang, Beamish and Makino, 2014; Hutzschenreuter et al., 2014)。

经典国际化过程理论对传统跨国公司的国际化过程选择具有强大的解释能力(Chang and Rhee, 2011)。但是,近年来,新兴跨国公司迅速崛起,国际新创企业和天生国际化企业不断涌现,这些企业并未完全遵循经典国际化理论的渐进模式,而是采用一种更为"激进""跳跃"的国际化进程。事实上,很多企业的国际化过程并未表现出持续深化的行为模式,"跳跃均衡""去国际化"等现象的出现,也使得传统国际化阶段理论解释力受到局限(Benito and Welch, 1997)。在这样的背景下,随着国际创业理论的兴起,"国际化速度"的概念才真正成为学术界的关注热点(Oviatt and McDougall, 1994; Zahra and George, 2002; Jones and Coviello, 2005)。

(二)国际化速度的研究阶段:从初始进入速度到进入后速度

Oviatt 和 McDougall(1994)在其经典论文 *Toward a Theory of International New Ventures* 中对国际新创企业进行了界定,认为国际新创企业是指那些在企业创立不久就在多个国家通过运用各种资源并销售产出来寻求竞争优势的企业组织。为了强调国际新创企业与传统企业的差异,国际新创企业的相关研究强调国际化进程的时间维度和速度特征,将国际化速度首次定义为"从企业创立到企业首次国际化,也即国际化元年的时间间隔"(Musteen, Francis and Datta, 2010; Ramos, Acedo and Gonzales, 2011)。企业创立到国际化元年的时间间隔越短,国际化速度越快;反之,则越慢。国际新创企业和天生国际化现象研究的兴起,引发了学术界对国际化进程中时间维度的广泛关注。但是，对这种现象的关注导致国际化速度的大量相关研究仍然集中于企业国际化之前阶段的过程属性，其衡量的是国际化进程开始的早晚，而并非国际化进程本身的快慢（Morgan – Thomas and Jones, 2009）。企业的早期扩张得益于知识、资本、网络等现有资源的存量。经过短暂的进入阶段，在国际新创企业通过快速进入多个海外市场以获得其利基市场的成长之后，其国际化进程所面临的问题与传统企业国际化进程并未存在本质性差异，但是企业国际化后的扩张速度（Post – entry Speed）快慢却并未获得理论界的广泛关注。

一般认为，首次系统性关注国际化进入后速度的研究出现在 Vermeulen 和 Barkema（2002）在 *Strategic Management Journal* 上发表的 *Pace, rhythm, and scope: Process dependence in building a profitable multinational corporation* 这篇文章。该文章从一个长期视角来审视企业建立海外子公司与其获利情况之间的关系。实证结果表明，海外子公司的数量与企业绩效之间的关系在很大程度上取决于企业国际化的动态过程。由于时间压缩不经济性的存在以及企业相对有限的吸收能力，从国际化元年到观察期之间的海外扩张速度会负向调节海外子公司数与企业绩效之间的关系。在此基础上，Wagner（2004）以83家德国大型企业为样本进行实证分析，提出国际化速度与绩效之间是一种倒U型关系。之后，很多学者逐渐将国际化后速度作为研究对象，但是均并未将国际化进入后速度与国际化初始进入速度（Initial Speed）明确区分开来，国际化速度的概念表述、指标测量均一度出现较为混乱的状态。

直到2011年Prashantham和Young才明确提出国际化进入后速度的概念，并将国际新创企业的国际化进入后速度定义为"当一个新创企业成为国际新创企业之后，其国际化扩张速度的快慢"。虽然该文的研究对象仍然是国际新创企业，但却首次提出国际化进入后速度的概念，为国际化进入后速度的后续研究奠定了重要的理论基础。国际化初始进入速度与国际化进入后速度的实证文献如表2–2所示。

表2-2 国际化初始进入速度与国际化进入后速度的实证文献

	国际化初始进入速度	国际化进入后速度
代表文献	Oviatt 和 McDougall（1994）	Vermeulen 和 Barkema（2002）
	Autio、Sapienza 和 Almeida（2000）	Wagner（2004）
	Moen 和 Servais（2002）	Nadolska 和 Barkema（2007）
	Oviatt 和 McDougall（2005）	Morgan-Thomas 和 Jones（2009）
	Luo、Zhao 和 Du（2005）	Chang 和 Rhee（2011）
	Freeman 等（2006）	Lin（2012）
	Pla-Barber 和 Escriba-Esteve（2006）	Chen 和 Yeh（2012）
	Zhou（2007）	Casillas 和 Acedo（2013）
	Zucchella、Palamar 和 Denicloai（2007）	林治洪、陈岩和秦学志（2013）
	Acedo 和 Jones（2007）	Casillas 和 Moreno-Menendez（2014）
	Weerawardena、Mort、Liesch 和 Knight（2007）	Mohr 和 Batsakis（2017）
	Kuivalainen、Sundqvist 和 Servais（2007）	Jiang、Beamish 和 Makino（2014）
	Coeurderoy 和 Murray（2008）	Hilmersson（2014）
	Kiss 和 Danis（2008）	Chetty、Johansonand 和 Martin（2014）
	Morgan-Thomas 和 Jones（2009）	Schu、Morscett 和 Swoboda（2016）
	Khavul、Perez-Nordtvedt 和 Wood（2010）	Mohr 和 Batsakis（2016）
	Musteen、Francis 和 Datta（2010）	Hilmersson 和 Johanson（2017）
	Ramos、Acedo 和 Gonzales（2011）	方宏和王益民（2017）
	Zhou、Wu 和 Barnes（2013）	宋铁波、钟熙和陈伟宏（2017）
	Sui、Yu 和 Baum（2012）	黄胜、叶广宇和丁振阔（2017）
	Powell（2014）	
	Jørgensen（2014）	
	Jiang、Beamish 和 Makino（2014）	
	Love、Roper 和 Zhuo（2016）	
	黄胜、叶广宇和丁振阔（2017）	
测量方法	企业创立到首次国际化之间的时间差	海外子公司数与国际化年限的比值
	企业创立到实现海外销售比例达到20%的时间差	海外销售比重的变化率
	企业创立到首次出口之间的时间差	两次相邻的海外投资之间的时间差
	企业创立到首次海外销售收入的时间差	出口市场数量与企业年龄比值

续表

	国际化初始进入速度	国际化进入后速度
测量方法		海外销售率与企业年龄比值
		海外资产比例与企业年龄比值
		国际化广度与国际化年限比值
		海外市场数量与国际化年限的比值
		海外资产比例、海外雇员比例、海外销售比例算术平均值与国际化年限比值
具体表述	Internationalization speed	Pace
	Speed of internationalization	Speed
	International precocity	Internationalization speed
	Early and rapid foreign market entry	Post-entry speed
	Accelerated internationalization	Speed of FDI expansion
	International sales development speed	Speed in the international process
	Speed of entry	Investment pace
	国际化初始进入速度	International pace
		国际范围速度
		国际承诺速度

（三）国际化速度的研究维度：从单维到多维

国际化速度的概念来自物理学，本意是指物体单位时间内的移动距离。在最初的国际化速度研究中，无论是国际化初始进入速度抑或国际化进入后速度，均普遍关注时间维度与国际化战略单一维度的结合，却并未将国际化战略决策的其他变量与之结合，仅仅将国际化速度视为单维的概念（Casillas and Acedo，2013；Chetty et al.，2014）。然而，在国际化战略领域中，由于决策变量的多样性以及复杂性，距离可以是国际化战略推进过程中各种相关指标的变化量（Prashantham and Young，2011）。事实上，国际化速度概念的重要性恰恰体现在它可以很好地将时间、模式、深度、范围等几个最重要的国际化决策要素有机地融合在一起，有助于更深刻地刻画以及揭示国际化过程的动态、多元特征。因此，国际化速度是一个多维度的概念（王益民、梁枢和赵志彬，2017）。

首次比较明确地对国际化速度维度进行划分出现于 Oviatt 和 McDougall（2005）的经典论文。文章把国际化速度划分为初始进入速度、国际化范围速度以及国际化承诺速度。但是文章的研究对象仍然是国际新创企业，在维度划分中并未将国际化初始进入速度与国际化进入后速度严格进行区分，理论界限较为含糊。

Prashantham 和 Young（2011）在 Oviatt 和 McDougall（2005）对国际新创企业国际化速度进行划分的基础上，从国际化市场知识和国际化技术知识两个层面将国际新创企业的国际化进入后速度划分为国际化范围速度和国际化承诺速度两个维度（Prashantham and Young，2011）。然后，Casillas 和 Acedo（2013）从速度的本意出发，基于距离和时间两个维度对国际化速度进行划分。从距离角度，国际化速度应该包含基于国际化出口密度的速度（Speed of Change in International Commercial Intensity），即海外销售比重的增长率；基于海外资产承诺的速度（Speed of Change in the Commitment of Foreign Resources），即海外资产比重、海外雇员比重以及海外机构数量的增长率；基于海外市场广度的速度（Speed of Change in the Breadth of International Markets），即海外出口以及海外投资的国家数量共三个维度。从时间角度，文章从变化类型（连续、不连续）以及时间范围（长期、短期）两个维度对国际化速度进行划分（Casillas and Acedo，2013），如图 2-1 所示。这一划分的实践操作性较强，为后来的实证研究提供了强有力的支撑。Hilmersson 和 Johanson（2016）借鉴这一划分维度，基于新进入者优势和时间压缩不经济性，探讨三个维度的国际化速度对企业绩效的影响，对更好地理解国际化动态过程的不同侧面与绩效之间关系具有重要的学术意义（Hilmersson and Johanson，2016）。

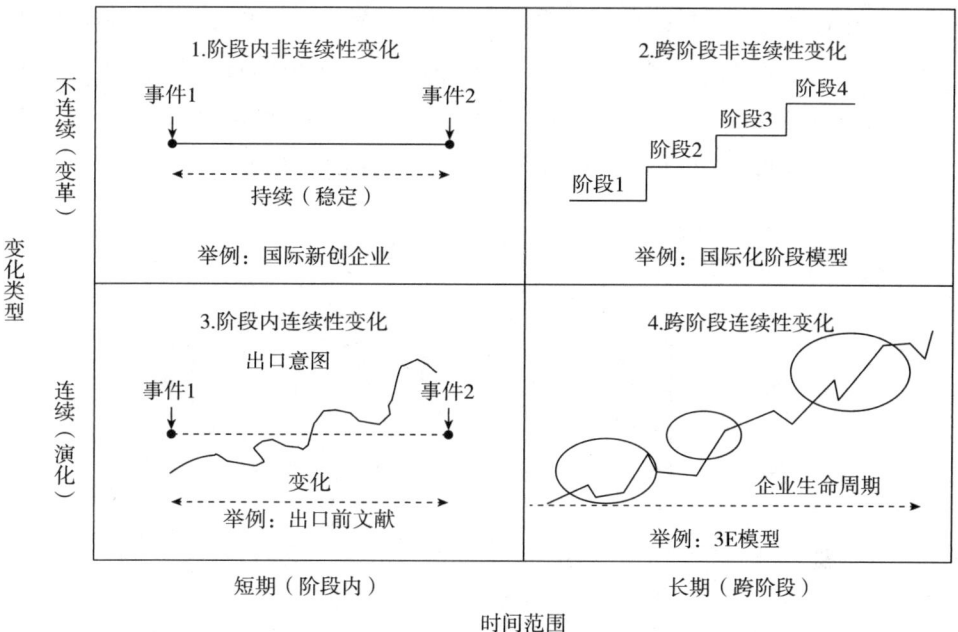

图 2-1 基于时间维度的国际化速度划分

资料来源：Casillas 和 Acedo（2013）。

Chetty 等（2014）认为，上述若干维度划分方法均无严格的理论依据，因此其根据经典国际化理论 Uppsala 国际化过程模型，运用实证分析的方法将国际化速度降维为国际化学习速度（Speed of Learning Internationally）和国际化承诺速度（Speed of Committing Internationally）。而国际化学习速度又可以进一步划分为重复性国际化活动的学习速度（Speed of Learning from Repetition of International Activities）和多样性国际化活动的学习速度（Speed of Learning from Diversity of International Activities），深化了国际化速度维度划分的相关研究（Chetty et al.，2014）。

国际化速度是企业序列化国际化扩张过程的动态体现。如图 2-2 所示，企业国际化决策必然包括时机（何时）、位置（何地）、模式（承诺）等多个选择，一系列选择的动态变化最终形成企业的国际化程度、范围等静态特征。因此本书将国际化决策各维度与时间维度相结合，构建中国企业国际化速度的多维度模型，即由国际化资源承诺与时间维度相结合的"基于深度的国际化速度"、由国际化销售承诺与时间维度相结合的"基于程度的国际化速度"以及由国际化位置选择与时间维度相结合的"基于广度的国际化速度"，以期更全面地体现中国企业国际化的速度特征。

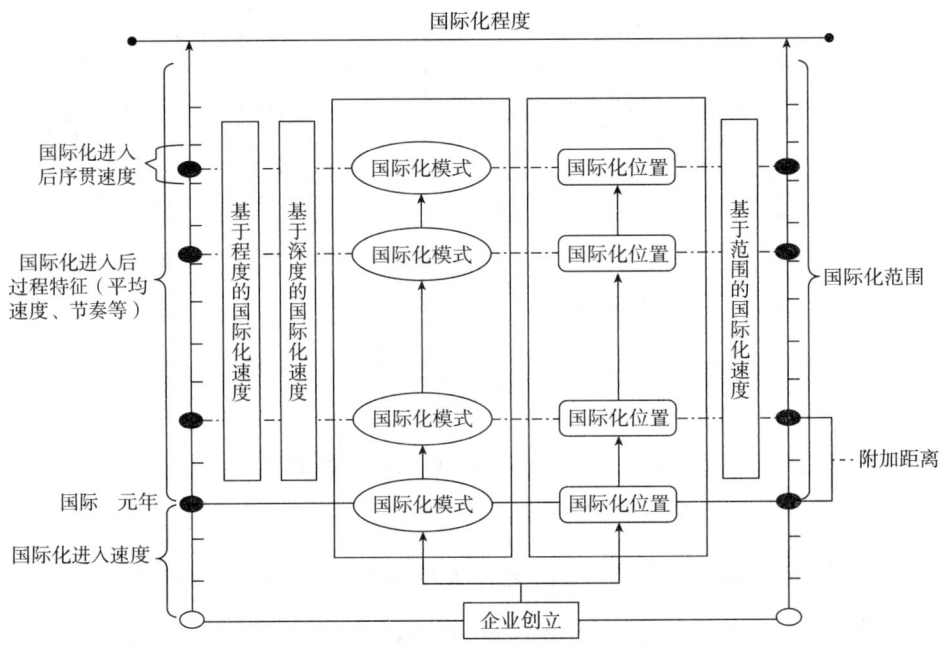

图 2-2　企业国际化程度的动态形成过程

二、行为战略理论以及具体行为变量的相关研究

（一）行为战略理论发展脉络及研究范式

战略管理理论的核心问题之一就是组织异质性——企业战略及组织结构的差异、异质性持续的原因以及由此引发的绩效差异。作为战略管理理

论的三大主流理论，分别从产业结构视角、资源视角以及创新视角给予解释。上述主流战略管理理论建立在参与者对市场非常关注且能够完全识别机会、解决问题或者进行模仿的基础上。但是，企业实践告诉我们，企业的成功往往并不完全取决于产业结构、组织资源以及创新方面的领先地位，即使存在同样的机会或者出现同样的问题，很多企业也无法识别和获取机会，无法有效解决问题。归根结底，组织战略性差异取决于决策制定者的战略选择差异，而决策制定者的战略选择却在很大程度上取决于其心理认知以及决策情境（Powell et al., 2011）。

早期关于战略决策的经典理论大多将决策制定者认为是完全理性的，完全理性的决策者可以识别所有可行的解决方案，并且了解其效用函数和分布概率，还可以通过计算各方案的期望效用并选取其最大值来获得最优方案（Von Neumann and Morgenstern, 1944; Savage, 1954; Pratt et al., 1995; Schlaifer, 1959）。随后，有很多学者通过实验方法发现个体行为并不完全遵循绝对理性（Kahneman et al., 1982）。尽管支持完全理性的学者们提出可以通过培训等方法对战略决策者进行训练（Russo and Schoemaker, 1989; Gigerenzer and Hoffrage, 1995），但是大量心理学研究结果发现，这种针对决策者的教育方法并不能纠正其决策偏差。在这样的背景下，学者们逐渐质疑完全理性假设，并转而探讨战略决策的真实理论假设（Schrager and Madansky, 2013）。

Simon（1955）在其经典论文《管理行为》中首先提出了有限理性的概念。完全理性假设需要战略决策者知道所有的行动方案，并且需要考虑到所有可能出现的突发状况和意外事件。而西蒙认为不但要列举这些数据，甚至还要记住这些数据，这是远远超越人类的脑力极限的，是人类所不可能实现的事情。战略决策者只能获取这些方案、突发状况和意外事件的一部分，并据此作出判断。西蒙将经济学中对战略选择的最优化原则修改为满意化原则，即战略选择的目标并非寻求期望效用的最大化，而是能够满足组织所需要的最低效用即可。这篇具有划时代意义的论文为行为战略理论提供了坚实的逻辑基础。

在上述研究的基础上，Cyert 和 March（1963）试图将组织理论与古典经济学理论相结合，以管理决策制定流程为核心，提出企业行为理论。企业行为理论的核心思想主要有三个：首先，遵循 Simon（1955）的主要观点，决策者是有限理性的，其无法考虑到所有的决策信息而做出最优决策，只能遵循标准程序确定能够满足组织最低需求的选择方案；其次，组织环境与惯例、规则等因素之间的相互匹配并非如新古典企业理论所认为的那样是一种静态的简单完全匹配，而是呈一种动态演化关系；最后，组织类似于一个动态变化的多目标体系。在组织中，决策者利益存在相互冲突，决策者之间需要持续性谈判以确定企业、团体以及个体之间短期内一致的利益关系（Cyert and March，1963）。企业行为理论是行为战略理论的重要组成部分。

除此之外，行为战略理论的相关理论还包括行为决策研究（Kahneman and Dan，1993；Moore，Oesch and Zietsma，2007）、高阶梯队理论（Hambrick and Mason，1984）、业绩反馈理论（Greve，1998）、注意力理论（Ocasio，1997）、归因理论（Salancik and Meindl，1984）、自负理论（Roll，1986）、认知图示、认知地图、意义建构以及认知竞争（Porac and Thomas，1990；Reger and Huff，1993；Lant and Baum，1995；Weick，1995）。尽管基于行为的战略管理视角很丰富，但是在很长时间内各个理论都是分割开来的，行为战略理论缺乏完整的概念以及理论框架。直到 Powell 等学者于 2011 年在 *Strategic Management Journal* 发表了一篇题为"Behavioral Strategy"的论文，才明确地将行为战略的概念定义为"行为战略是认知与社会心理学与战略管理理论的结合"。行为战略的研究目的是为战略管理带来关于人类认知、情感体验以及社会行为的真实假设，从而进一步丰富企业战略管理理论、实证研究以及为真实世界的企业实践提供参考（Powell，Dan and Fox，2011）。除此之外，三位学者基于理论基础、核心问题、研究方法、理论假设、理论贡献等方面的差异将行为战略理论分为还原论（Reductionist）、多元论（Pluralist）以及情境论（Contextualist）三种理论范式，具体内容如表 2-3 所示。

第二章 文献综述

表2-3 行为战略理论的三种理论范式

	还原论	多元论	情境论
哲学基础	实证主义、客观主义、唯物主义、科学实在观、证实主义	名义主义、实用主义、进化论	唯象论、存在主义、批判理论、后现代主义、象征式互动、情境论、现实的社会建构
核心内容	个体决策制定、团体决策制定	群体间讨价还价、问题解决、政治、冲突解决、组织学习、资源分配	意义建构、感知、设定、行为生成
关键心理学概念	有限理性、前景理论、启发式和偏见、动态不一致	参照群体、社会认知、社会认同理论、自我分类	认知图式、语言、意义、标志、意识形态、行为理性、文化
方法论	假设验证、决策实验、仿真研究、数理及计算机建模、神经网络方法	田野研究、事件研究、多元统计分析、案例、混合方法	历史诠释、民族志、扎根理论、诠释学、文本分析、话语分析、符号学、案例
对企业的假设	企业决策是由高层管理者、创业者以及高层管理团队制定出来的。这些决策受认知偏差的影响	企业由很多具有冲突性目标和视角的子群体所构成；企业通过不同子群体之间的冲突解决和讨价还价来最终确定战略问题的解决方案	企业和环境是社会建构的；企业是意识形态的；决策和行为是分离的；行为是浮现的，受外部影响的
对战略管理的贡献	战略决策中的认知偏差（如竞争盲点、竞争忽略、赢家诅咒、自负、承诺升级）；动态不一致	企业行为理论、群体认同、期望理论、不适应性学习以及组织精神分析	行为理性、认知图式、认知地图、认知竞争、主导逻辑、意义建构、误解、设定、专注力、批判理论
与传统心理学学派的联系	结构主义、行为主义、认知心理学、实验社会心理学、神经科学	功能主义、功能主义的社会心理学、完形心理学、演化心理学	存在主义、人本主义、批判学派、女性主义心理学、后现代心理学

资料来源：Powell、Dan和Fox（2011）。

由表2-3可知，还原论解决的主要问题是经济决策中的心理特征，采用的方法多为数理分析和实验方法，其核心理论为行为决策理论；多元论解决的主要问题是在大型企业中复杂政治判断背后的心理特征，采用的方法多为田野观察,其核心理论是内部差异化组织;情境论解决的主要问题是管理者心智和管理知觉特征,采用的方法多为民族志、历史诠释、扎根理论、诠释学、符号学等,其核心理论是认知图式、意义、标志、意识形态等。笔者认为,在以往的研究中,以上三种范式的研究相对独立。但是作为新兴的战略研究领域,这种过于单一的模式无法解释战略背后真正的认知及社会心理学原因。因此笔者认为行为战略研究应该遵循更大程度的开放,呼吁经济学、社会学以及组织理论研究的相关学者们进行学科整合,并构建一个系统性整合的理论框架,即关注共同问题、综合采纳多种方法论以及强化学者和实践者之间的共同体,如图2-3所示。这也正是本书研究的理论出发点之一。

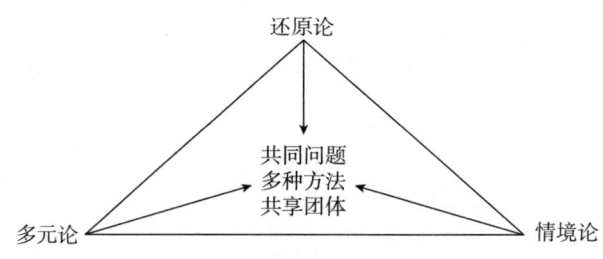

图2-3 行为战略的整合框架

资料来源:Powell、Dan 和 Fox(2011)。

(二)高管权力相关研究

在对高管权力的内涵进行界定之前,应首先确定高管的具体概念及范围。高管即企业的高层管理者,到目前为止,对高管的范围定义并未形成统一观点。早期研究中,由于发达国家企业大多具有较为分散的股权结构,CEO 的权力相对较高,因此在涉及高管的相关研究中,大多将 CEO 作为高层管理者的代表。随着高阶梯队理论的提出,高管研究由个体向群体发展,高管团队特征对战略的影响逐渐成为热点问题(Hambrick and Mason,1984,1994)。在高阶梯队理论中,高层管理人员被定义为以 CEO

为核心,范围包括 CEO、总裁、副总裁、COO、CFO、CTO 等执行层高管人员。国内研究对高管的界定大多根据研究目的进行,并不完全一致。部分学者基于我国《公司法》规定,将 CEO、财务总监以及董事会秘书作为高层管理者的代表(王华和黄之骏,2006;罗富碧等,2008);部分学者将董事会、监事会以及执行层高管均认定为高管(姜付秀等,2009;文雯和宋建波,2017);部分学者将以 CEO 为核心,包括总裁、副总裁、运营总监、财务总监、技术总监等直接参与组织执行层面实际工作的管理人员作为高层管理者代表(周楷唐等,2017);部分学者将执行层核心 CEO 作为高管的代表进行研究(赵息和张西栓,2013)。由于本书的研究目的是对高管团队内部个体特征、群体冲突以及群体认知的内在逻辑进行深入探讨,同时,为保证年报数据的可获取性,本书将高管团队成员界定为以 CEO 为核心,包括总裁、副总裁、运营总监、财务总监、技术总监等直接参与组织执行层面实际工作的管理人员。

作为组织战略的实际决策者和负责人,高层管理者权力特征对组织战略行为的影响尤其重要。截至目前,学术界对高管权力的概念界定并不统一。Rabe(1962)认为高管权力是高管希望实现其个体目标的能力及意愿。March(1966)认为高管权力是即使其他管理者存在潜在异议,也仍然能够对企业重要决策起到决定性作用的能力。除此之外,管理者权力还被认为是能够对董事会施加压力并做出薪酬决策(Bebchuk and Fried,2004)以及战胜阻力的能力(Pfeffer,1982)等。其中,最为著名的是 Finkelstein(1992)对高管权力的界定,他将高管权力定义为高层管理者在战略制定过程中能够发挥自身意志的能力。另外,Finkelstein 在高管权力的维度划分和测量方法方面也做出了重要的理论贡献。高管权力被划分为组织权力、所有权权力、声誉权力以及专家权力。组织权力是指由组织正式科层结构所决定的管理者对他人实施影响的能力,其衡量指标为两职合一和内部董事兼任;所有权权力是指企业股权所赋予管理者在保证职位安全、与董事会谈判以及对企业战略的掌控等方面的能力,其衡量指标为企业持股和机构投资者比例;声誉权力是指管理者声誉能够为企业获得更多更广泛的外部支持,从而成功应对外部环境的不确定性的能力,其衡量指标是高学历和企业外兼职情况;专家权力是指高管对内部流程的熟悉程度为高管带来更多在董事会中的话语权,其衡量指标为职称和任职时间。Finkelstein 为高管权力的相关研究做出了里程碑式的贡献。因此,本书对高管权力的概念界定以及维度划分主要采纳 Finkelstein(1992)的具体观点。

权力是解释组织行为的重要理论工具(Pfeffer,1981)。高管权力研究的主要理论有委托代理理论、管理层权力理论以及权力趋近—抑制理论等。委托代理理论是迄今为止高管权力的实证研究中最关键的理论,绝大多数相关研究均基于此展开。委托代理理论的基本研究假设是经济人假设,即认为个体有追求自身利益最大化的本质需求。现代企业制度中所有权与经营权分离,组织所有者与管理者之间为委托代理关系。由于组织所有者与管理者之间存在信息不对称性,在自身利益与组织利益发生冲突时,管理者遵循的是个人效用极大化原则,即管理者往往倾向于牺牲组织所有者利益以达到谋求私利的目的。因此,为了保证组织利益不受到管理者损害,组织委托人需要对管理者实施经济及其他激励政策,以保证管理者利益,同时又要对管理者实行有效监管。委托代理理论认为,在股权分散以及董事会无法对管理者实行有效监管或者监管失败时,管理者由此获取权力。

委托代理理论认为高管权力所造成的不良后果可以通过合理的治理机制进行缓解。但是管理者权力理论却认为管理者权力的存在是一种常态。在委托代理理论的基础上,Finkelstein(1992)、Bebchuk 等(2002)、Bebchuk 和 Stole(2003)提出了管理者权力理论。该理论认为,企业管理者并不会像管家理论所描述的是以一种尽职尽责的管家身份对企业进行管理并维护股东利益,而是大多具有明显机会主义倾向。在具备可能性和可行性的前提下,管理者往往会通过权力进行获取超额报酬、隐藏真实收入、调整公司业绩等谋求私利行为(Bebchuk et al.,2002;Bebchuk and Stole,2003)。管理者权力理论更加深入地探讨了权力的来源、内涵以及高管权力的政策后果，对委托代理理论的解释做出了有价值的补充，为后续实证研究的进行铺平了道路。

社会心理学家 Keltner 等（2003）基于权力的心理影响过程，提出行为接近与抑制理论，是高管权力领域的又一个经典理论视角。该理论认为，在个体心理过程中，高权力可以诱发行为趋近倾向（Approach - related Tendencies），即当个体具有较高权力时，个体会对正面的积极情感和奖赏信息更为关注，在信息处理及制定决策方面会对自身具有更高的自信，行为自主性更高；而低权力可以诱发行为抑制倾向（Inhibition - related Tendencies），即当个体具有较低权力时，个体会对负面的消极情感和威胁信息更为关注，在信息处理及制定决策方面更容易受他人影响，行为自由度受限（Keltner et al., 2003）。权力通过影响高管心理及行为倾向，从而改变其风险承担水平，并进而对组织决策产生影响。此外，其他社会心理学家还根据其他心理学理论，比如心理距离理论（Galinsky et al., 2006）、控制错觉理论（Fast et al., 2009）对权力的心理过程影响进行非常有价值的探讨，为战略管理的相关研究提供心理学及行为学基础。

高管权力的早期研究主要是基于委托代理理论聚焦于高管权力对管理者薪酬的影响，而且在相当长的一段时间内这一领域的研究都占据关键地位（Grabke - Rundell and Gomez - Mejia, 2002；Van Essen et al., 2012；El - Khatib et al., 2015）。随后，高管权力的研究逐渐扩展到风险承担水平（Pathan, 2009；Galema et al., 2012）、治理效率（Hermalin and Weisbach, 1996；Fracassi and Tate, 2012）、信息披露（Mande and Son, 2012）、投资效率（Bebchuk and Stole, 1993；Frésard and Salva, 2010）等多个领域，研究成果非常丰富。

在投资决策方面，首先，就高管权力的心理认知微观机制而言，权力会诱发高层管理者趋近—抑制机制发生作用，从而导致注意力发生显著变化（Harmon - Jones and Gable, 2009；Harada et al., 2013）。正因为如此，主流观点认为在权力趋近—抑制机制的作用下，具有高权力的管理者会更加关注于决策的积极方面，企业的风险承担水平会发生很大变化，战略选择倾向于风险型（Adams et al.，2005；Chen et al.，2015；Chintrakarn et al.，2015）。其次，Jensen（1986）、Shleifer 和 Vishny（1989）以及 Vogot（1994）等认为管理者具有构建管理帝国的内在动机，具有权力的管理者通过对自由现金流的滥用进行过度投资从而获取个人收益（Jensen，1986；Shleifer and Vishny，1989；Vogot，1994）。

在面对动态复杂的竞争时，具有较高权力的高管往往能够作出更为迅速和准确的决策（Li et al.，2015）。作为最具有风险性的战略决策之一，随着高管权力增强所带来的战略决策冒险倾向增加（Chintrakarn et al.，2015），国际化程度将不断加深。Song（2010）认为当国际化战略选定之后，企业国际化速度是由 CEO 的努力程度决定的。研究发现，CEO 薪酬和所有权激励对企业国际化的战略性实施都具有显著正向影响，而且，具有所有权的高管比获得高额薪酬更能展现其正相关关系（Song，2010）。Park 等（2014）聚焦于 CEO 国际化经验对国际化程度的影响，并进一步探讨高管权力对两者之间关系的调节作用。实证结果证明，CEO 经验对国际化程度具有正向促进作用，而且高管权力强度会加强两者的正相关关系（Park et al.，2014）。关于高管权力与国际化动态过程之间的相关研究相对较少。王艺霖和王益民（2016）基于中国制造业上市公司的纵贯数据，对企业高管权力与国际化节奏之间的关系进行探讨。结果表明，高管权力会增加企业风险承担水平，从而导致不连贯的国际化投资节奏。当企业取得良好的国际化绩效或者具备充足的组织冗余时，这一正向关系会得到强化（王艺霖和王益民，2016）。这是国内唯一一篇基于权力展开的国际化动态过程研究，弥补了高管权力和国际化过程研究相关领域的不足。

综上所述，从内部机制来看，尽管高管权力的相关研究领域涉及较广，且文献比较丰富，但是从管理者认知视角出发，以高管权力对战略决策发生作用的内部机制为研究主题进行探讨的论文少之又少；从研究领域来看，作为风险性较高的战略决策之一，国际化战略决策与高管权力之间的理论探讨还相当匮乏；从研究对象来看，中国是一个权力距离较高的国家，管理者往往具有较高权力，在这样的情境下，中国企业高管权力对战略决策的影响效应和内部机制是否与西方国家有所不同，至今仍然是个悬而未决的问题。

（三）注意力相关研究

自 Simon 把注意力（Attention）这一概念引入管理学以来，注意力对决策的影响一直是组织行为学和管理学研究的核心问题之一（吴建祖等，2009）。该理论认为，决策者是有限理性的，其决策的成败取决于决策者将注意力聚焦于何处（Simon，1965）。在此基础上，Ocasio（1997）提出了著名的企业注意力基础观（Attention-based View of the Firm）。该理论认为，管理者所能理解和处理问题的能力有限，而企业面临环境中信息数量和复杂程度远超这一能力局限，因此在面临具体管理决策时，管理者需要对信息进行取舍（Ocasio，1997）。组织最终的战略制定和选择与组织环境中所存在的资源及机会有关。更为重要的是，还会受到决策者及其行为的影响。外部组织环境中所发生的各种事件只有在受到管理决策者关注时才能在组织决策过程中发挥作用，否则即使发生，也无法成为影响决策的关键因素。企业决策者的注意力是稀缺资源。注意力基础观将注意力配置定义为决策者将自己的时间和精力用来关注、编码、解释并聚焦于组织的议题和答案两个方面的过程。其中，议题是指基于对环境的认识，组织认为其需要决策的问题；答案则包括惯例、计划、流程、建议等各种备选行动集合。注意力基础观的基本观点是：第一，注意力聚焦原则，即决策制定者的注意力是有限的，其所关注的组织议题及其答案决定最终的决策结果；第二，情境化注意力原则，即决策制定者所处的组织情境，决定决策者在组织议题及答案上的注意力配置；第三，注意力的结构性分配原则，即企业规则、资源以及社会关系将议题、答案以及决策制定者分配到特定活动、沟通以及流程的方式，决定决策制定者对自身所处特定情境的认知，也会决定他们聚焦注意力的方式（Ocasio，1997）。

注意力基础观提出解释组织行为的情境化注意力模型，如图 2-4 所示。图中的 5b 与 5c 代表的是注意力聚焦原则，5b 是指决策者注意力聚焦于有限的议题及答案,5c 是指决策制定者所聚焦的议题及答案会最终决定组织行为。1a、2、3、5a 代表的是情境化注意力原则,即决策制定者的注意力配置受到组织情境的影响:1a 是指决策环境对决策制定者的刺激;2 是指议题及答案在文化符号、语言信息、人工产物中的象征性;3 是指组织流程及沟通渠道相互作用的情境和特征,塑造了议题及答案列表的可得性和重要性;5a 是指流程、渠道参与者之间的交流。4a、4b、4c 代表的是注意力结构化配置原则。注意力结构是指组织规则、参与者、结构性位置以及资源。也就是说,议题、答案以及决策制定者在不同渠道中的配置取决于组织注意力结构如何根据价值来为议题及答案的重要性和相关性排序(4a)、注意力结构怎样将决策制定者配置到某一个具体的沟通渠道和流程之中(4b),以及为决策制定者提供一种结构化的利益和身份,从而塑造他们对情境的理解以及行动的动机(4c)。

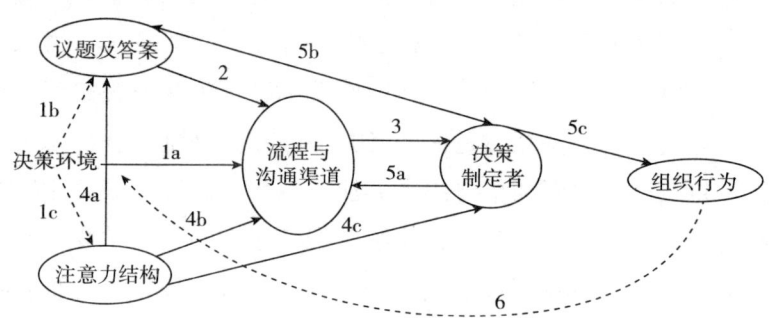

图 2-4 情境化的注意力与组织行为

资料来源:Ocasio(1997)。

注意力基础观将个体层面、组织层面与环境层面的因素相衔接,形成一种基本的理论观点,从而逐渐成为战略管理领域的重要研究视角之一。Cho 和 Hambrick(2006)在美国航空业管制放松的背景下,结合高阶梯队理论和注意力基础观探讨了企业高管团队注意力导向的作用。结果表明,管制放松引起管理者注意力的提升,当组织为了在放松管制的体制中获利而调整高管团队的结构和薪酬之后,注意力的提升是最为显著的。研究还发现，注意力在高管变动以及战略变动之间起到部分中介作用。这篇文章为深化注意力在战略管理中的研究做出了重要贡献。

Nadkarni 和 Barr（2008）结合战略管理的经济视角和认知视角，指出组织所处产业变动会对管理者注意力造成显著影响，而管理者注意力对基于组织环境变动所进行的战略调整速度具有显著影响。也就是说，管理者注意力在产业环境与战略变动之间的关系中具有显著中介效应（Nadkarni and Barr, 2008），这一结论为管理者个体认知、管理者认知与行为的相关关系以及产业情境、管理者认知与战略行为之间的复杂关系提供一个更具深度的观点，也对构建全面完整的战略管理框架做出非常有价值的理论探讨。

Eggers 和 Kaplan（2009）以通信技术企业进入光纤产品市场为背景，研究了 CEO 注意力方向与市场进入之间的关系。研究指出，CEO 对新兴技术和受其影响的产业的注意力越高，企业进入光纤产品市场的速度越快，而对现有技术的注意力越高，进入光纤产品市场的速度越慢。他们进一步认为，在理解组织产出方面，管理者认知是一个非常重要的因素。同时考虑认知方向以及管理者认知与组织要素之间的相关关系为研究组织进入行为提供了更为细致的观点。

许晖和郭净（2013）以中国制造业国际化企业为样本，构建了营销动态能力与企业竞争战略的理论模型，并通过实证分析检验了管理者国际注意力对两者关系的调节作用，在能力—战略匹配关系中，国际化注意力具有显著调节作用。

近些年来，注意力基础观在跨国研究中的应用逐渐广泛。Levy（2005）认为当高层管理者把注意力更多地聚焦于外部环境并关注环境中复杂多元因素时，企业更有可能发展出一种更具广阔视野的国际化战略姿态；与之相反，当高层管理者把注意力更多地聚焦于内部环境时，企业战略姿态的全球化程度就会比较低。

Bouquet、Morrison 和 Birkinshaw（2009）选取美国、加拿大、法国、德国、英国和日本等国的分布在 13 个行业中的 135 家跨国公司作为样本，通过二手数据、深度访谈、问卷调查等方法对企业的国际注意力和跨国公司绩效进行实证分析，结果表明国际注意力能够促进跨国公司绩效。

国内研究方面，注意力基础观的相关研究开展不久，学者们主要集中于对高管注意力与国际化模式、国际化绩效之间的关系进行探讨。吴建祖和毕玉胜（2013）基于高阶梯队理论和注意力基础观双重视角，采用案例研究的方法分析了华为公司的国际化战略，认为高管团队注意力内容对国际化扩张模式有显著影响。当高管团队的注意力聚集于品牌自主建设以及技术自主研发时，企业倾向于选择自然扩张的国际化战略。而且高管团队注意力配置内容的差异会直接影响企业进入海外市场的途径，当高管团队将更多的注意力配置于海外市场上的自然资源时，企业会更加倾向于采取绿地投资的对外直接投资方式，而当高管团队将更多的注意力配置在海外市场的战略性资产如技术资源以及品牌资源时，企业会更加倾向于采取跨国并购的对外直接投资方式。

董临萍和宋渊洋（2017）以技术密集型制造业企业为研究样本，对高管团队注意力和企业国际化之间的相关关系进行实证检验，结果表明，高管团队对国际化的注意力程度越高，国际化绩效越好；而高管权力与自由度对两者关系起到显著的调节作用，研究结论对深入揭示中国企业国际化的微观认知基础有重要贡献。

高管注意力对国际化战略具有显著影响。但是现有研究大多集中于对高管注意力与国际化静态特征之间的关系进行探讨，对国际化战略的动态发展背后的高管注意力特征却鲜有涉及。国际化动态特征是国际化绩效的决定因素之一。因此关注国际化动态特征背后的管理者注意力认知微观基础具有极为重要的理论及实践意义。

（四）高管团队断裂带相关研究

Hambrick 和 Mason（1984）在其经典论文中首次提出并阐述了高阶梯队理论的基本概念及其主要思想（Upper Echelons Theory）。该理论指出，高层管理团队是组织战略决策的制定者和负责人。鉴于高层管理者有限理性和组织决策的多元、复杂特征，战略决策选择并不完全是外部环境的完整体现，而是高层管理人员认知结构、价值观等内在心理特征的具体反映。而认知结构、价值观等内在心理特征可以通过高管人员的年龄、性别、教育背景、职业背景、任职年限等外在人口统计特征加以判断。这一理论是高管团队研究的基本理论基础，并且为丰富基于高管团队层面的战略研究提供了更加具有操作性的衡量方法，是战略管理微观研究从CEO等个体领导层面研究向高层管理人员团队整体层面研究转移的重要转折点。

高管团队是战略决策的主导者和发起者，对组织内部的所有生产及管理活动都具有巨大影响力（孙俊华和贾良定，2009），因此基于高层管理团队特征与公司战略决策及绩效的研究始终是战略管理最为活跃的领域之一（汪金爱和宗方宇，2011）。但是，关于高层管理团队特征的研究长期集中于高管成员人口统计特征的均值以及多样性对组织战略行为以及绩效后果的影响（Wiersema and Bantel，1992；Priem，Lyon and Dess，1999；Yuan，Guo and Fang，2014）。团队人口特征均值是将高管团队成员按照相同的权重来计算整体特征，反映的是高管团队特定人口特征的整体平均水平。高管团队人口特征多样性（也称团队异质性）是指高管团队成员在特定人口特征上的分散程度。在高管团队特征多样性对战略行为和团队绩效的影响方面，管理界的观点以及实证结果均不一致。早期学者基于社会认同、相似相吸等理论对团队绩效进行研究，并普遍对团队多样性持否定态度。Blau（1977）从组织内部交流的角度，提出组织成员的相似性会促进社会认同，而高度异质性是社会交往的障碍。O'Reilly（1989）也认为组织内部成员人口统计特征的异质性会降低组织内沟通的频率，从而降低组织凝聚力。随着研究的深入，学者们逐渐扩展多样性的理论基础，从信息决策理论出发，得出团队多样性能促进更加广泛的知识、技能和资源的汇聚，从而有利于团队任务的完成，并有助于提升团队绩效的结论（Egan，2005；Joerg，2006）。多样性的这种双重效应被形象地称为双刃剑效应（Milliken and Martins，1996）。在国际化战略方面，基于高管团队人口统计特征的相关研究也非常丰富。Tihanyi 等（2000）对高管团队的年龄、任期以及教育背景和海外背景的均值与国际化程度之间的关系进行探讨，结果表明，年龄均值越低，任期均值越长，高教育背景和具备海外背景的高管团队越对国际化程度起到显著正向促进作用（Tihanyi et al.，2000）。而Yuan、Guo 和 Fang（2014），Carpenter 和 Fredrickson（2001）从高管团队构成异质性角度认为，高管团队异质性越高，该组织就越具备实行国际化战略的能力，从而促进企业的国际化程度不断增加（Yuan, Guo and Fang, 2014；Carpenter and Fredrickson, 2001）。

尽管关于高管团队特征均值以及多样性对战略选择以及绩效结果的影响的实证研究相当丰富，但结论却并不一致（Lawrence, 1997）。针对这一问题，Tsui 和 O'Reilly（1989）认为高管团队特征差异并不是战略及绩效差异的根本性原因，除了高管团队成员个体特征之外，高管团队成员之间的彼此互动及团队整体运作过程对组织产出会共同产生影响（Hambrick, 1994）。Thatcher、Jehn 和 Zanutto（2003）认为，多样性研究之所以产生有争论的、不确定的结论，关键在于研究者每次只对单个人口统计特征进行验证，如年龄差异化程度、教育背景多样化程度等，却没有考虑指标之间的组合对高管团队决策效率带来的影响（Thatcher, Jehn and Zanutto, 2003）。在这样的背景下，团队断裂带理论应运而生。

团队断裂带理论起源于盛行已久的团队多样性研究。其主要理论基础是社会心理学中的相似相吸理论（Byrne, Clore and Worchel, 1966）、自我分类理论（Tsui, Egan and O'Reilly, 1992；Turner, 1985）以及社会认同理论（Tajfel and Turner, 1986）。相似相吸理论认为相似性导致个体之间彼此吸引，特征的相似性会使个体间沟通更加顺畅，彼此联系更加紧密（Bezrukova et al., 2016；Thatcher and Patel, 2011），而特征的差异性会导致个体之间彼此排斥，从而产生"你们—我们"的区别感。而自我分类理论的主要观点是社会成员往往习惯于根据社会类别将自身与他人进行分类。一旦实现自身的社会识别，个体会形成对自身所在子群体的强烈归属感。社会认同理论则是从个体自尊和自我鉴别的视角上，认为个体对自身所属子群体的强烈认同会保证个体自尊的实现。以上述理论为依据，Lau

和 Murnighan（1998）在对多样性研究进行述评的基础上，首次提出团队断裂带的概念，即"一组假想的分割线，基于一个或多个特征将团队划分为不同的亚群体"。两位学者认为仅仅关注团队成员某一个维度特征的分散程度对解释团队效能是不够的，现实情况是团队成员的多重人口统计特征的组合对群体过程和群体效能共同发挥作用。与地理断裂带类似，团队断裂带也存在强度差异，团队断裂带强度会随着相似的人口统计特征的聚集数量增加而增加，也就意味着亚群体内部的同质化程度随之增强。而且团队断裂带是动态发展的，在团队发展的不同阶段起主要作用的成员特征不同，不同情境下所激发的成员特征不同。这正好可以解释团队多样性研究结果存在差异的问题。但是这篇开创性的文章仅介绍了人口统计学特征的断裂带强度以及动态发展过程，对其他类型特征的断裂带并未深入研究。

此后，大多数研究均沿用这种基于人口统计特征差异的界定方法，并得出团队断裂带对团队及组织绩效有负面影响的结论（Lau and Murnighan，2005；Dyck and Starke，1999；Li and Hambrick，2005）。但随着研究的深化，理论界关于断裂带强度的研究结果开始出现分歧。部分学者认为，团队断裂带对创新和组织学习有积极作用，能够促进信息和观点的整合，从而提升团队决策质量。Gibson 和 Vermeulen（2003）在对156个团队深入研究的基础上认为，适度的团队断裂是健康的，只有团队断裂带强度很弱或很强的时候才会产生负面影响。Thatcher、Jehn 和 Zanutto（2003）首次提出对团队断裂带强度的测量方法——Fau 因子计算法，并在检验团队断裂带强度与冲突和群体效能的关系后发现，中等强度的团队断裂引起的冲突最小，成员满意度最高，绩效最好。

Zanutto、Bezrukova 和 Jehn（2011）在团队断裂带强度的基础上，首次提出断裂带距离的概念和测量方法，并以学生为样本对断裂带强度、距离以及可感知的断裂带之间的相关关系进行分析，结果认为强度与距离之间存在交互作用，其交互作用对于激发潜在的断裂带以及产生影响的效用是最强的。这一概念的提出为深化断裂带的理论解释力做出了贡献。还有学者将高管团队断裂带作为情境变量，认为任务相关的高管团队断裂带会促进产品多元化，但人口特征的高管团队断裂带会产生阻碍作用（Hutzschenreuter and Horstkotte, 2013）。周建和李小青（2012）基于高阶梯队理论和团队断裂带理论双重视角，以中国沪深两市2007~2009年261家高科技行业上市公司为研究对象，实证考察了董事会成员职能背景异质性、行业背景异质性、教育程度和董事会团队断裂带对企业创新战略的影响，结果表明董事会团队断裂带会对企业创新战略产生积极影响，为优化董事会构成提供了决策依据。陈悦明等（2012）通过实证分析高层管理团队特征所形成的人口特征断裂带和个性心理特征断裂带和企业战略决策质量与效率之间的关系，得出结论，在中国背景下，个性心理特征断裂带对决策质量及决策效率均具有显著的负相关关系，团队认同在此关系中具备边界作用；高层管理团队人口特征断裂带与决策质量存在微弱的负相关关系，且团队认同的边界作用不显著。Cooper、Patel和Thatcher（2013）认为，即使是基于信息处理的断裂带，也存在正反两方面效应，在促进成员间的沟通的同时会增加沟通和协调成本。

在高管团队断裂带对国际化战略的影响方面，Li和Hambrick（2005）通过对合资企业中跨国人员组成的高管团队进行调查后发现，其内部存在"先天性"小集团，小集团之间的断裂带会导致冲突的产生，从而降低团队绩效，降低团队内部行为整合程度。Barkema和Shvyrkov（2007）以1966~1998年荷兰25家大型企业的高管团队为样本，探讨了高管团队任期和教育背景异质性以及断裂带强度对海外扩张的影响，结果证明，在断裂带强度很强时，海外投资倾向于进入较近的地区，而当断裂带强度很弱时，这种效应并不显著。而潘清泉、唐刘钊和韦慧民（2015）基于沪深300指数成份股企业中的83家企业为研究对象，研究结果发现高管团队任务导向断裂带对国际化战略实行具有负向影响，而生理特征断裂带对国际化战略实施具有正向影响，创新能力越强，生理特征断裂带对国际化战略的正向影响会越弱。李维安等（2014）以2004~2012年进行跨国并购的168家中国企业为样本，使用Logit回归方法检验董事会异质性和董事会断裂带对跨国并购成败的影响，得出董事会断裂带与跨国并购显著负相关的结论。

综上所述，高管团队断裂带研究刚刚起步，实证研究相对较少，关于高管团队断裂带强度对国际化战略的影响研究相对较少，高管团队导向断裂带强度与国际化动态过程比如国际化速度之间的关系研究几乎没有。而且断裂带产生作用的内在机制模糊，断裂带属性选择不一，情境研究不足，结论难以统一。

（五）业绩反馈相关研究

Cyert 和 March（1963）以 Herbert Simon 的有限理性理论框架为理论前提，提出经典的组织行为理论，成为解释组织战略行为的重要理论视角。组织行为理论涉及的主要内容包括组织冗余、业绩反馈、注意力、环境认知以及组织学习等多个理论。其中，业绩反馈被认为是影响组织决策及战略的重要因素之一。早期学者往往认为决策制定者是根据某静态指标去判断经营业绩，然而事实却并非如此。管理者们往往通过比较来对组织业绩进行界定。而且有限理性的决策制定者往往习惯于将组织业绩根据其业绩反馈简单地划分为成功和失败两种类别，并将这一简化的规则作为制定下一步战略计划的依据（Greve，2007）。

Schneider（1992）将绩效的期望水平定义为"令决策制定者感到满意的最低产出"。现有研究认为组织的绩效反馈参照点有纵向和横向两个层面（March and Shapira，1992）：一个以历史期望作为纵向标杆，来衡量其绩效实现情况，历史期望水平随以往业绩变动而发生变动，历史业绩越好，历史期望水平越高（Lant，1992）；另一个则基于相关企业业绩的社会比较，即企业以行业内所有企业的最新业绩作为绩效参照点对组织绩效进行判断（Baum and Dahlin，2007；Chen and Miller，2007）。

经典业绩反馈理论的核心问题是问题导向的搜寻行为（Problemistic Search），其主流观点是，当实际业绩低于组织期望时，绩效结果会被认为处于组织失败或者损失的状态，在这种状态下，"问题导向的搜寻"行为会被激发（Cyert and March，1963）。所谓问题导向的搜寻活动，即决策制定者会产生修正以往做法的动机。除此之外，在实际业绩低于组织期望的背景下，组织会增加对风险的容忍度，而风险容忍度会对组织的问题解决方案的采用以及从可获得的备选方案中做出选择的能力造成影响（March，1994）。组织将更加愿意承担风险以改进组织绩效（Kahneman and Tversky，1979；Greve，2003）。而当实际业绩高于组织期望时，绩效结果会被认为是组织成功或者获益的状态，在这种状态下，改变战略行为可能意味着损失，因此当出现组织业绩顺差时，组织行为会产生很大的惯性，风险容忍度会降低，即使某些战略调整可能为组织带来高绩效，决策制定者也会尽可能避免风险性的战略变动（张远飞等，2013）。

随着理论研究的不断深入，部分学者也对上述主流观点提出了质疑（Hill et al.，1992）。Chen（2008）认为，当组织业绩持续无法实现组织期望时，组织资源逐渐匮乏，信息处理能力逐渐降低，企业面临巨大的生存威胁，从而陷入所谓的威胁—刚性陷阱（Staw，Sanderlands and Dutton，1981）。在这样的情况下，战略选择会更加趋向于保守（Chen，2008）。徐小琴、王菁和马洁（2016）以2006~2014年中国制造业上市公司为研究样本，基于前景理论视角对经营期望和企业负面行为之间的关系进行了理论探讨和实证检验，认为业绩反馈结果会造成战略决策者的认知偏差，在损失规避、赌资效应、管理者自负等因素的影响下，企业经营期望顺差越大，企业做出负面行为的可能性越大，而行业产品市场竞争程度和经理人的自由裁量权对期望顺差与企业负面行为之间的正相关关系均存在正向调节作用。这篇文章丰富了业绩反馈对战略行为影响的研究成果，并为中国情境下的组织行为研究做出了贡献。

业绩反馈理论为战略管理研究者们提供了崭新的视角，在其被正式提出之后，学者们尝试着利用该理论对战略管理领域的多个理论问题进行讨论，主要包括战略变革（张远飞等，2013）、研发（Chen，2008；Chen and Miller，2007）、创新（贺小刚等，2016）；风险承担（Kacperczyk，2014；Miller and Chen，2004）、负面行为（徐小琴等，2016）、并购（Iyer and Miller，2008；文巧甜和郭蓉，2017）、多元化（Armstrong and Shimizu，2007）以及国际化领域（Jung and Bansal，2009；Greve，2011；Lin，2014）。

国际化动态过程在一定程度上可以反映企业的风险偏好和机会寻求。尽管业绩反馈理论在战略管理领域获得的关注度始终较高，但是针对国际化动态过程的相关研究却刚刚起步。Lin（2014）基于组织行为理论中的组织冗余和业绩反馈理论，利用台湾772家上市公司的纵贯数据，检验了组织冗余和业绩反馈对国际化动态过程，包括国际化速度、国际化范围以及国际化节奏的影响，并进一步探讨了组织冗余和业绩反馈的相互影响对国际化动态过程的调节作用。其实证结果表明，当组织业绩出现期望落差时，落差越大越可能导致组织内部的问题搜索，从而采取一种更为激进的国际化战略（速度更快、范围更广、节奏更加不规律）；而组织冗余的存在会增强组织业绩落差与激进式国际化动态过程之间的正相关关系。这是首篇基于业绩反馈理论来对国际化动态过程进行解释的文献，填补了国际化过程研究中类似冗余、业绩反馈等因素对管理者决策影响研究的空白，丰富了组织行为以及国际商务领域的相关研究（Lin，2014）。而宋铁波、钟熙和陈伟宏（2017）通过对2012~2015年中国制造业上市公司经验数据的分析发现期望差距与企业国际化速度并非简单的线性关系，期望落差与企业国际化速度呈倒U型关系，而期望顺差与企业国际化速度呈U型关系，并进一步检验了高管国际经验以及政治关联对两者的调节关系。文章结论认为，期望差距所引致的决策者快速国际化扩张意愿与企业快速国际化扩张资源的动态变化最终导致不同企业的国际化速度差异。这一研究结果丰富了国际化速度研究的相关成果，具有较大的理论及实践意义。

除此之外，关于业绩反馈与国际化动态过程之间的相关研究非常匮乏。从上述数量较少的文献中可以看出，基于不同的研究情境和研究对象，业绩反馈对战略行为的影响效应结论并不统一。而且，业绩反馈对战略变量影响的中介机制在现有文献中很少涉及，其与其他个体认知、组织行为变量的结合研究更是少之又少，研究体系并不完整。

三、国际化速度研究中的行为战略理论应用

相对于国际化进程的其他方面,国际化进程的速度维度长期以来被传统国际化理论所忽略,直到国际创业研究热潮兴起并将其定义为"企业创立到首次国际化的时间"(Oviatt and McDougall,1994)之后,国际化过程的时间维度本身才成为研究的主题(Chetty,Johanson and Martín,2014;Casillas and Moreno-Menéndez,2014)。现有国际化速度文献主要包括两大类别,即国际化速度的影响因素和国际化速度的绩效影响,如图2-5所示。

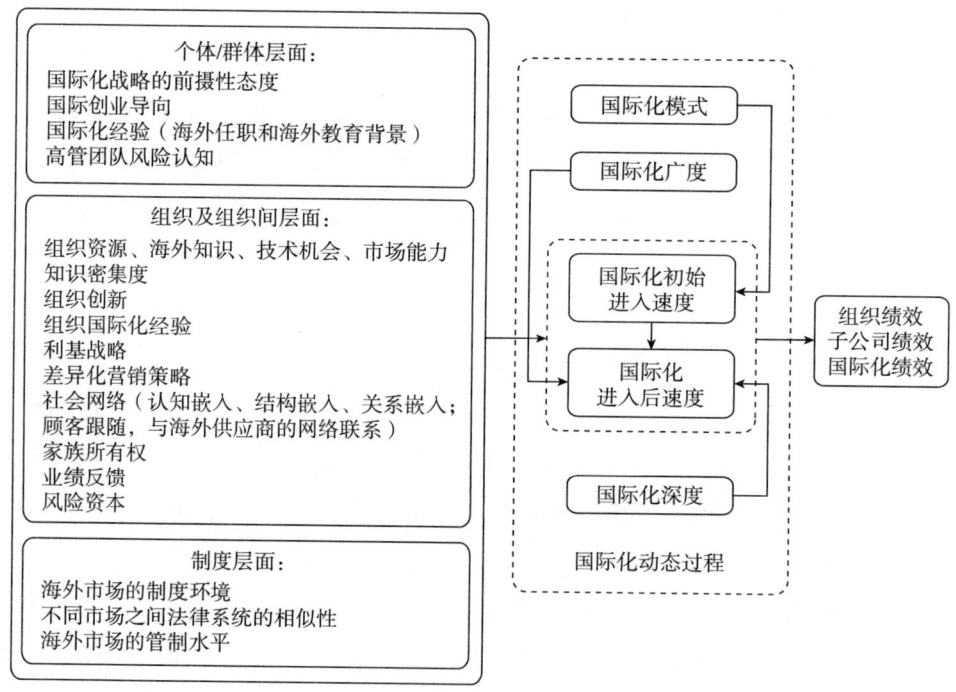

图2-5 国际化速度相关研究

在国际化速度对组织绩效的影响方面，理论界的理论分析和实证结论均不一致。有学者认为当企业行动速度超过竞争对手时，企业将获得资产先占、技术领先以及创造购买者转换成本等竞争优势，从而对组织绩效产生积极影响（Pacheco – De – Almeida，2010）。除此之外，年轻企业受历史惯例、规则、文化等限制较少，即获得新建立者优势（LAN），因此可以快速适应国际化环境对国际化绩效产生正向影响（Cohen et al.，1996；Salomon and Martín，2008）。而部分学者基于组织学习理论的时间压缩不经济性理论和吸收能力理论，认为过快的国际化速度会对组织绩效产生负向影响（Vermeulen and Barkema，2002；Wagner，2004）。还有学者认为国际化速度与组织绩效之间并不存在简单的线性相关关系。Chang 和 Rhee（2011）认为国际化速度与组织绩效之间的关系受到组织资源和产业国际化过程的调节。而林治洪等（2013）基于中国 2006~2011 年中国制造业上市公司的面板数据进行了实证检验，结果表明国际化速度与企业绩效之间呈 U 型关系。Hilmersson 和 Johanson（2016）首次对不同维度的国际化速度与中小企业绩效之间的关系进行了探讨。基于新建立者优势和时间压缩不经济性提出基于广度的国际化速度与中小企业绩效之间呈倒 U 型关系，基于海外销售的国际化速度与中小企业绩效之间呈倒 U 型关系，但基于资源承诺的国际化速度与中小企业绩效之间呈 U 型关系。而黄胜等（2017）基于中国企业数据探讨初始进入速度、国家范围速度以及国际承诺速度三个维度对企业生存和成长绩效两个层面之间的倒 U 型影响机制。这些研究从多个维度深化了国际化速度对企业绩效影响的相关研究，为后续研究提供了相当有价值的理论借鉴。

在国际化速度的影响因素方面，学者们主要围绕个体/群体层面（Acedo and Jones，2007；Luo et al.，2005；Pla – Barber and Escribá – Esteve，2006；Zucchella et al.，2007）、组织/组织间层面（Pla – Barber and Escribá – Esteve，2006；Zucchella et al.，2007；Freeman et al.，2006；Kiss and Danis，2008；Khavul et al.，2010）以及制度层面（Coeurderoy and Mruray，2008；Kiss and Danis，2008；Luo et al.，2005）等层面分别

进行分析。

鉴于本书的研究目的，本部分将重点介绍基于行为战略视角的国际化速度相关研究。如前文所述，国际化速度研究本身出现时间就较晚，研究体系并不成熟，且大多基于学习、资源、网络以及制度等视角展开研究，对于国际化战略模式的微观基础——行为战略视角的研究极少。在检索到的49篇研究型论文中，只有7篇是以管理者或者管理团队的行为以及认知对国际化速度的影响为研究主题的。根据认知心理学和行为战略理论的基本划分，本书主要是从个体、群体以及情境三个层面对以往研究进行论述，如表2-4所示。

表2-4 基于行为战略视角的国际化速度研究

	行为认知因素	速度类型	相关文献
个体层面	国际化战略的前摄性态度	国际化初始进入速度	Pla – Barber 和 Escribá – Esteve（2006）
	国际创业导向	国际化初始进入速度	Zhou（2007）
	国际化经验	国际化初始进入速度	Luo、Zhao 和 Du（2005）
群体层面	高管团队风险认知	国际化初始进入速度	Acedo 和 Jones（2007）
	认知嵌入性	国际化初始进入速度	Musteen、Francis 和 Datta（2010）
情境层面	业绩反馈	国际化进入后速度	Lin（2014） 宋铁波、钟熙和陈伟宏（2017）

资料来源：根据以往文献整理。

从个体层面来讲，学者们主要从国际化战略的前摄性态度、国际创业导向、全球视野以及国际化经验等认知角度对国际化速度的高管认知因素进行探讨。Oviatt 和 McDougall（2005）提出高管及高管团队认知是国际化机会发现、通用技术以及竞争对国际化速度影响的中介变量，如图2-6所示。文章提出能够发现国际化机会和制定战略的个体或者群体是国际化开发动态性的核心要素。创业者们基于自身特征和心理认知去观察和理解国际化机会，由信息、运输和计算机技术对国际化的促进作用，竞争对手带来的威胁程度。对这类问题的认知会最终影响国际化战略决策。所以，与其说国际化动态过程取决于国际化机会、技术以及竞争等因素，不如说取决于创业者对国际化机会、促进力量以及动机力量的理解。这一结论充分验证了行为战略视角的基本理论观点，为后续研究提供了很好的理论铺垫。

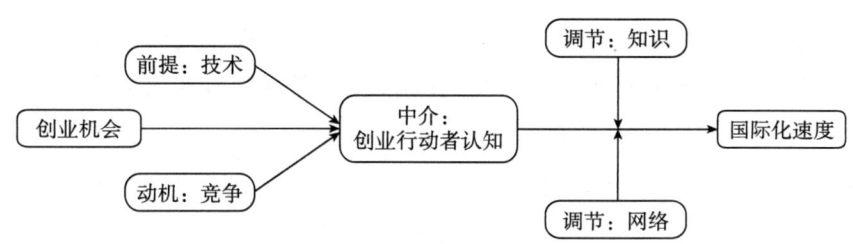

图 2-6　国际化速度影响因素模型

资料来源：Oviatt 和 Mcdougall（2005）。

Pla – Barber 和 Escribá – Esteve（2006）以 271 家西班牙出口企业为样本，利用聚类分析和逻辑回归的方法，从内部因素、战略因素以及外部因素三个层面探讨了国际化企业加速化国际化进程的驱动因素。在内部因素方面，文章提出对国际化战略的前摄性态度和对全球战略视角的传播对国际化扩张速度极为重要。国际化需要主动的、有承诺的以及创业型的管理者。对海外市场的期望、信仰以及积极态度会促进企业海外进程的加速。前摄性较高的国际化企业会对像国际化这样的高风险项目有偏好而且总是试图成为第一个发展新市场的企业（Covin and Slevin, 1991；Dess et al., 2003）。因此这类企业总是以一种更加大胆、激进的方式对待国际化机会。高管团队成员对国际化战略的前摄性态度会增加企业采取加速式国际化扩张模式的可能性。基于创业学习视角，Zhou（2007）以中国大陆的 775 家国际化创业民企为样本，检验了国际创业导向、海外市场知识与国际化速度之间的关系。其作用机制是国际创业导向与海外市场知识的积累具有正向相关关系，而海外市场知识的积累会对国际化速度产生正向影响。Lwo等（2005）在对93家美国互联网企业进行分析后得出结论，高层管理团队的国际化经验会对国际化速度起到正向影响，持类似观点的还有Zucchella等（2007）。

在群体层面，学者们大多从高阶梯队理论入手，对高管团队风险认知、团队成员的联系紧密度以及高管团队与海外管理团队的认知嵌入度和国际化速度之间的关系进行理论以及实证分析。Acedo和Jones（2007）在对西班牙南部某地区的104家中小企业进行数据收集后，通过建立结构方程模型，对国际化速度的直接和间接影响因素进行分析。结果表明，高管团队的风险认知态度对企业的国际化速度有显著影响，而高管团队国际化战略前摄性、国际化导向以及模糊容忍度均会通过高管团队的风险认知态度影响企业的国际化速度。这个结论融合之前的相关研究，认知行为的框架进一步得到完善。Musteen、Francis和Datta（2010）基于网络视角，探讨了三种不同类型的网络嵌入，即认知嵌入、关系嵌入以及结构嵌入对国际化速度的影响。其中，认知嵌入（CEO与国际化关系使用相同的语言）对国际化速度的促进作用得到证明。

上述文献虽然从认知角度对国际化速度背后的高管及高管团队战略逻辑进行探讨，但是真正首次从组织行为视角出发研究国际化进入后速度的文献是Lin（2014）发表于 *Journal of World Business* 的 *How do managers decide on internationalization processes? The role of organizational slack and performance feedback* 一文。

在情境层面，组织冗余和业绩反馈对国际化动态过程的作用也得到了证明。Lin（2014）基于台湾地区的772家上市公司2000~2008年共9年的纵贯数据，研究了组织冗余和业绩反馈对国际化速度、范围、节奏的影响。结果表明，组织冗余为管理者提供资源和心理支持，管理者会更倾向于风险性较高的国际化扩张模式，因此对国际化速度、范围、节奏均有显著的正向影响；而业绩逆差的出现会让管理者认为历史战略是失败的，从而选择风险性较高的投资模式。因此业绩逆差越大，国际化速度、范围和节奏会更加具有风险性。当历史和社会的业绩反馈顺差较大时，管理者会更倾向于风险性更低的国际化模式。而资源冗余会干扰业绩反馈与风险性战略选择之间的关系。这篇文章系统地从组织行为视角对国际化战略进行阐释，弥补了研究空白，丰富了国际化战略研究和组织行为理论。之后，宋铁波、钟熙和陈伟宏（2017）也从业绩反馈的视角对国际化速度的差异进行解释。他们认为，期望差距与国际化速度并非呈现简单的线性关系。当企业处于临近渴望水平的期望落差时，期望落差与国际化速度呈正相关关系，当企业处于远离渴望水平的期望落差时，期望落差水平与国际化速度呈负相关关系。即期望落差与国际化速度之间的关系呈倒 U 型。而当企业处于临近渴望水平的期望顺差时，期望顺差与国际化速度呈负相关关系，当企业处于远离渴望水平的期望顺差时，期望顺差水平与国际化速度呈正相关关系，即期望顺差与国际化速度之间是 U 型相关关系。这是国内唯一一篇基于行为视角的国际化速度研究，对深入辨析中国特色的国际化进程有非常重要的意义。

四、研究述评

本章首先对行为战略视角的基本概念、理论基础、研究范式等维度进行系统回顾，并对本书所涉及的高管权力、注意力、群体断裂带以及业绩反馈等理论进行系统梳理。其次对国际化速度的理论发展从研究对象、研究内容、研究维度等角度进行分析和论述。最后对基于行为战略视角的国际化速度研究进行详细的阐述。

国际化速度涉及企业资源和国际化机会的统一协调，是国际化战略的重要方面，也是国际化绩效的决定因素之一（Chetty，Johanson and Martín，

2014)。但是相对于国际化进程的其他方面,国际化进程的速度维度长期以来被传统国际化理论所忽略。

1. 研究对象

由于国际化速度的相关研究起源于国际新创企业和天生国际化现象的相关研究,就目前文献来看,绝大部分研究型论文的研究对象仍然是新创企业国际化的早晚即新创企业创立到首次国际化之间的时间间隔。这并不符合国际化速度的本意,也无法体现国际化的全过程研究。

2. 研究视角

现有文献大多基于资源理论、创新理论、网络理论以及制度理论等对国际新创企业以及快速国际化等现象进行理论解释,但是即使在同样的资源、产业、网络或者制度下,不同企业仍然可能存在截然不同的国际化模式。追其究竟,战略的差异与其说是取决于外部环境,不如说取决于管理者和管理团队对外部环境的认知。在本书所涉及的参考文献之中,只有7篇基于认知视角,且只有2篇基于认知视角对国际化进入后速度进行了理论探讨。因此,国际化战略模式的微观基础——管理者以及管理团队认知及行为的相关研究就显得尤为必要。但是综观以往研究,基于认知及行为视角的相关研究极少,而且大多缺乏理论系统性,因此理论解释完整性较为欠缺。

3. 研究维度

目前绝大多数国际化速度研究都是从某一个维度展开。但是国际化战略决策包含若干维度,比如范围、模式、承诺等,不同维度的国际化战略决策在时间维度上的变化都可以视为国际化速度的一个侧面。但是就目前来看,多维度的国际化速度研究相对较少。

4. 研究情境

中国的跳跃式和加速化的国际化进程举世瞩目,而中国情境又赋予高管及其团队与西方截然不同的认知特色,因此研究中国情境下国际化速度的高管及团队认知影响极具理论探讨意义,也是理论界应该重点关注的内容之一。但是在本书所统计的49篇国际化速度相关文献中,除了2篇理论综述性文章之外,中文实证性文献只有 6 篇,关于中国情境下的国际化速度研究以及基于中国情境特殊的高管认知背景下的国际化速度研究极为匮乏。

基于此,本书将以中国企业为样本,探讨中国情境下高管以及团队认知对不同维度的国际化速度的影响,并从群体冲突和决策情境入手探讨其对于国际化决策的影响,具有较高的理论价值和实践意义。

第三章
理论模型及假设提出

企业国际化由一系列进入海外市场的历时性事件或行动组成（Jones and Coviello, 2005）。基于不同维度的国际化速度是企业国际化扩张战略不同侧面的外在表征和动态反映。国际化速度的差异性也是国际化战略差异性的具体表现。现有研究对战略差异的解释大多基于结构视角（Bain, 1959）、资源视角（Penrose, 1959）以及创新视角（Schumpeter, 1912），但是仍然无法解释在类似的市场结构、资源态势以及创新能力下，企业战略及其绩效仍然存在千差万别的情况。战略的制定不仅与外部环境有关，更为核心的是决策制定者的认知对战略制定有着举足轻重的作用。即使面临同样的战略情境，不同的认知亦会产生截然不同的战略选择（Powell et al., 2011）。国际化过程中"外来者劣势"的存在使得企业需要面对的外部环境与内部组织复杂性均显著增加。尽管外部复杂性对战略决策具有重要影响，但真正影响管理者进行战略选择的是管理者对决策情境的过滤以及最终对管理议题的聚焦（Ocasio, 1997）。

本章主要对本书的整个概念模型进行理论推演和构建：首先，根据行为战略视角的相关理论构建出本书的整体理论框架。其次，探讨高管权力对不同维度国际化扩张速度的影响。再次，基于注意力基础观、高管权力理论等理论视角，分析高管团队国际化风险注意力在高管权力对国际化速度的正向影响关系之中所起到的中介效应。最后，将高管团队断裂带和企业的业绩反馈顺差作为情境变量，探讨具有较高权力的高管在团队冲突和往期成功的背景下，是否会加强或者减弱其对国际化风险的忽略，从而加快或者减慢企业的国际化扩张速度，完成对整个理论框架的分析及推导并给出相应假设。

一、概念模型的提出

解释企业战略及其效应的异质性是战略管理的核心问题之一，但是目前对企业战略异质性的主流解释集中于结构视角（Bain，1959）、资源视角（Penrose，1959）以及创新视角（Schumpeter，1912）。然而，企业成败绝不仅取决于外部，在很大程度上还由高管及其团队的认知、判断以及决策行为决定。行为战略是基于个体认知以及社会心理学理论来解释战略管理问题的理论视角（Powell et. al.，2011）。基于认知心理学的基础理论以及行为战略视角的理论框架，本书构建的理论模型试图解释的是中国企业快速、跳跃的国际化扩张背后的高管及其团队认知特征的内部作用机制。具体概念模型如图 3-1 所示。

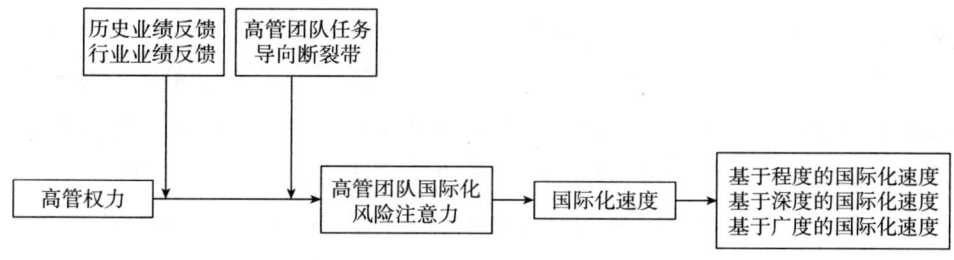

图 3-1 概念模型

上述理论框架的构建逻辑是：决策环境并非客观决定，而是由决策者认知所决定的（Johnson，1992）。认知心理学认为，认知存在个体认知和集体认知两个层面，集体认知的形成取决于个体认知、集体冲突以及决策情境的变化（Brockmann and Anthony，1998；Wegner，1991）。本书重点在于从 CEO 为代表的高管个体认知入手，研究在群体冲突和组织业绩情境的影响下，高管团队对国际化风险的群体认知会产生怎样的变化以及在此认知基础上所引发的国际化战略特征的变化。除此之外，这一框架融合行为战略理论的还原论和多元论视角，响应理论界对行为战略理论各学派进行整合的呼吁（Powell et al.，2011）。

基于不同维度的国际化速度反映企业国际化战略决策的不同侧面，而具有高风险性的国际化战略的制定取决于高管团队的认知模式。在中国的特殊情境下，高管在组织内部拥有很高的权力。特征改变认知（Hambrick and Mason，1984）。权力带来的光环以及对商业帝国的追求会改变高管以及高管团队对国际化风险的认知。个体在面对较大的投资决策时，往往会忽略外部环境的风险和竞争对手的反应，并对未来表现出超越现实的乐观。在强权高管的带领和号召下，高管团队的国际化风险意识下降，从而导致海外扩张速度加快。

战略决策的制定及执行取决于高管团队的集体认知，高管团队任务导向断裂带却为高管团队带来了与任务相关的认知冲突（Lau and Murnighan，1998）。基于社会认同理论，对于任务导向断裂带强度较高的高管团队来说，子群体间存在严重的认知偏见以及沟通障碍，因此面对高风险性活动时容易彼此不信任，从而难以达成共识。子群体的意见往往需要子群体自己承担风险。因此在这种背景下，团队成员往往会表现为对风险极为关注从而做出规避风险的战略选择，降低风险性较高的国际化扩张速度。

横向与纵向的业绩反馈结果可以为高管团队的国际化决策提供参照。历史及行业业绩反馈顺差的出现会使高管团队产生过度自信心理，同时，损失厌恶和禀赋效应也会加重高管团队对风险的忽略和对高效益的追求。除此之外，以往战略的成功可以使高管团队获得合法性以及充足的资源储备，这可以进一步促进高管团队对国际化风险的忽略。

二、高管权力与国际化速度

从一定意义上而言，企业的国际化进程是由企业高层管理人员塑造的。作为国际化战略的决策者和负责人，高层管理者权力特征对企业国际化战略选择及公司绩效具有重要影响。权力在心理学上被定义为影响他人思想或者行为（Keltner，Gruenfeld and Anderson，2003）以及利用他人实现预期目标的能力（Dijke and Poppe，2004）。权力会对组织运行过程中的个体及群体认知产生深刻影响，从而影响组织资源配置以及绩效获取（李胜楠和牛建波，2014），如图3-2所示。在Finkelestein（1992）的经典论文中，首次将高管权力定义为管理者在战略制定过程中能够发挥自身意志的能力。从本质意义上来说，管理者权力是相对于董事会监管而言的相对权力（Bebchuk and Fried，2003）。管理者权力的增强不仅会对管理者理性决策造成影响，也会对其非理性认知产生作用。而国际化战略的实施、企业规模的增减以及最终企业绩效结果的变化又会对高管权力造成显著影响。本书认为，高管权力的增加会促进企业国际化程度、深度以及广度的快速增加。

首先，"企业帝国"构建——理性认知。私有利益驱动高管大规模投资的现象非常常见（Harford and Li，2007）。尽管海外投资和并购对企业绩效可能不会产生显著正向影响，甚至出现负向作用，然而具有较高权力的高管实施大规模投资并购的动机仍然更加强烈（Grinstein and Hribar，2004）。基于委托代理理论，高层管理者具有构建"企业帝国"的内在动机。高层管理者通过控制自由现金流量分配，减少股利派发，增加自身收益，其中加大投资力度和规模是常见手段之一（Jensen，1986）。由于海外扩张的复杂程度和风险水平，高层管理者往往需要耗费较大的精力来完成这一工作，这成为高

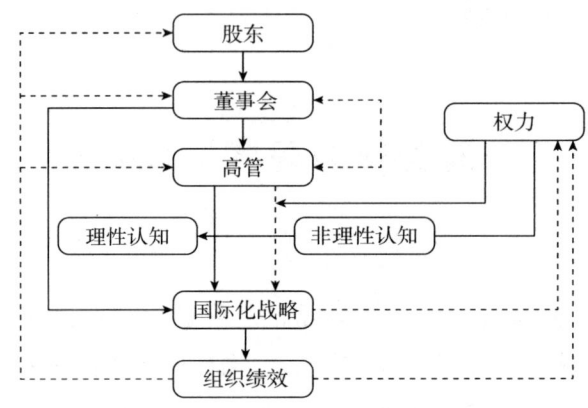

图3-2 权力对国际化战略的影响机制

层管理者增加薪酬的理由(张洽和袁天荣,2013)。海外投资的时间跨度一般较长,更换高层管理者对企业内部绩效及外部形象都有负面影响。因此大规模、快速地进行海外扩张也可以保证高层管理者的职位安全。另外,规模是衡量管理者业绩的重要标准之一。企业规模决定管理者薪酬,因此管理者具有不断扩大企业规模的潜在动机(Mueller,1969)。除此之外,公司规模越大,管理者隐性收益越高(Goh,2006)。通过任期内大量多元化投资和并购活动,高层管理者可以获取高额薪酬、在职消费与声誉,并能提高管理者职位安全度,降低管理者被撤换风险,增强管理者与股东讨价还价的能力(陈震和丁忠明,2011)。因此当管理者具备较高权力、拥有较高的自由裁量权时,会倾向于在任期内大量快速进行扩张。作为企业规模扩张的重要途径之一,加速化海外扩张自然也会成为拥有较高权力的高管们的一种倾向性选择。

其次,风险偏好——非理性认知。社会心理学认为,权力会改变个体的心理认知,而且权力越大,权力本身对决策的影响也就越大(周建等,2015)。高管权力会提升高管风险承担水平,具有强权的高层管理者更容易被风险项目的巨大收益所吸引,从而倾向于采取高风险决策行为。当高管拥有更强权力时,其决策自由度会增加,从而可能制定更冒险、更极端的决策。周建等（2015）国内学者基于 2010~2012 年中国上市公司数据进行实证分析后发现，高管权力越大，战略风格越趋于风险型；权力越小，战略风格会越趋于稳健型。而对外直接投资需要面对与母国差异明显的经济、制度及文化差异，从而面临较大的不确定性。对于高风险性的国际化扩张而言，国际化速度决定着企业国际化风险程度。国际化速度越高，环境复杂性和不确定性会显著增加，企业所面对的风险就越高。另外，这种高风险决策行为内在地满足了企业战略机会寻求的需要，因而当高管权力增加时，其对快速国际化扩张这种高风险型的决策会更加偏好。

综上所述，高管拥有的权力越高，其战略选择越具有风险偏好性，在私有利益的驱动下，高管会倾向于风险性较高的国际化扩张，体现为在单位时间内国际化深度、程度和广度的快速增加。因此，本书提出以下假设：

H1：高管权力与国际化速度正相关。

H1a：在对其他相关因素进行控制的前提下，高管权力与基于深度的国际化速度正相关。

H1b：在对其他相关因素进行控制的前提下，高管权力与基于程度的国际化速度正相关。

H1c：在对其他相关因素进行控制的前提下，高管权力与基于广度的国际化速度正相关。

三、高管权力与国际化风险注意力

社会心理学认为，拥有权力高低会改变个体心理认知及行为反应，从而转变个体的心理决策过程（Lewellyn and Muller – Kahle, 2012）。我们认为，拥有较高权力的高层管理人员对国际化风险的注意力会明显降低。

首先,行为趋近—抑制(Approach – Avoidance Theory)。Keltner、Gruenfeld 和 Anderson(2003)探讨了个体拥有权力对情感、注意力、信息处理以及行为等多个层面的影响。研究认为,个体决策存在行为趋近及行为抑制两种行为系统,从而导致截然不同的决策结果。所谓行为趋近模式,是指个体具有积极性情感、对奖励和收益非常敏感,具有积极的能动性社会认知,倾向于注意积极结果,而对消极性结果相对忽略;而当行为抑制模式起作用时,个体往往具有消极情感、对威胁和惩罚非常敏感,具备消极的能动性社会认知,对事物消极方面的注意力会增强,对积极性后果的注意力会减弱。而拥有权力可以明显改变个体行为模式。权力提升可以刺激行为趋近系统发挥作用,从而使个体更关注于事物的积极方面。因此,在进行国际化战略决策时,当企业高管拥有较高权力时,其行为趋近模式会被激发,从而造成其对国际化机会的把握持积极态度,对国际化风险选择忽略;与此相反,如果企业高管拥有权力较低,对自身的社会认知消极,当国际化扩张机会信号出现时,其行为抑制模式会被激发,从而对国际化机会的把握持消极态度,过度关注国际化扩张风险。

其次,情境聚焦(Situated Focus)。中国传统文化和经济发展历程为企业高管创造了较高的权力感知。中国企业创始人及高层管理者伴随着改革大潮成长起来,往往在企业内部拥有强大的威信及权力。由于受儒家思想和传统文化观念的影响,中国管理情境下个体习惯于对领导者权力的高度认可及服从,由此往往造成企业内部官本位现象非常明显。因此,相对于西方企业管理者而言,这种文化所赋予的高高在上的地位和自由裁量权的提升,会进一步促进高管的权力感知。权力的情境聚焦理论指出,个体行为、动机会受特定情境的影响。当个体具有较高的权力时,在具有较高自由裁量权的前提下,个体会表现为具备更高的执行与控制能力,从而可以更加灵活地适应所处环境(Guinote,2007)。其具体表现为:进行战略决策时会更关注有效线索,屏蔽他人干扰,并对选择战略具有更高水平的满意度和支配性(Dunbar and Abra,2010)。拥有较高权力的管理者能够根据不同的情境对注意力聚焦进行调节,其会更加关注期望、需要、欲望等认知驱动因素，而对风险等因素相对抑制（Guinote，2007）。对权力具有较高感知性的管理者对竞争需要的感知也会更高（Fast and Chen，2009），对风险往往持乐观态度（Rodríguez – Bailón，Moya and Yzerbyt，2001），从而对决策风险的关注程度下降，冒险性行为增加（Anderson and Galinsky，2010）。

综上所述，高管拥有的权力越高，行为趋近系统越容易被激发，对企业的国际化扩张表现出积极态度，风险注意力降低；相反，高管拥有的权力越低，行为抑制系统越容易被激发，高管会极度关注国际化扩张风险。除此之外，中国传统文化给予高管较高的权力感知，从而会忽略外界干扰，关注驱动因素，并对战略选择具有更高程度的信息和控制感。因此，本书提出如下假设：

H2：在对其他相关因素进行控制的前提下，高管权力与高管团队国际化风险注意力负相关。

四、高管团队国际化风险注意力与国际化速度

Daft 和 Weick（1984）认为，组织是一个解释系统，组织决策的确定需要三个信息处理阶段：首先，注意。根据注意力基础观的基本观点，由于高层管理者个体认知能力和信息处理能力的局限性，其注意力是有限的。对于国际化扩张的全部信息，高层管理团队不可能做到全部关注，对其中的机会和威胁信息也无法平均分配注意力。注意力的配置过程受到组织情境的影响。其次，解释。高层管理团队在完成对国际化机会以及风险的注意力配置之后，会根据所接收的国际化信息对组织议题进行解释和分析。最后，高管团队会根据其注意力的分配对议题进行选择，制定出国际化行动方案。

组织决策通常基于对未来战略收益以及战略风险的判断，而未来的收益和风险判断则取决于组织经验以及高管认知。在企业不断扩张海外市场的过程中，企业可以通过国际化获取土地、劳动力、自然资源等生产要素，也可以获得技术、管理、市场等关键性战略资源，在享受东道国优惠政策的同时还可以进一步获取海外市场的重要发展机遇（Dunning，1998）。但是，除了可能获得的机遇之外，国际化企业需要面对来自东道国政治、经济、文化、产业、市场等各种风险（Child and Rodrigues，2005；Rui and Yip，2008）。高管团队对风险的认知对国际化战略的选择以及国际化行为的执行具有至关重要的意义。本书认为，高管团队在国际化风险上配置注意力越多，其国际化扩张速度就会越慢。也就是说，在控制其他相关因素的前提下，高管团队国际化风险注意力与国际化程度、深度、广度的增加速度呈负相关关系。这是因为，快速国际化需要企业具备较高程度的风险承担能力。如图3-3所示，大量国际化信息会涌入企业，但是随着信息递减以及高管团队对信息的过滤和筛选，只有部分国际化信息会成为高管团队的决策依据。根据注意力基础观，高管团队的注意力由组织情境决定。在进行国际化决策时，如果高管团队把注意力更多地集中于东道国的政治风险、经济动荡、政策不稳定、市场下行、文化地理差异以及市场竞争等国际化风险因素，风险在战略选择时会成为一个最重要的衡量因素，并以此对国际化议题进行解释。对风险的注意力越强，高管团队在战略选择时越会降低风险承担水平（吴建祖和关斌，2015），对高收益、高风险的海外扩张机会予以否决，从而减少海外扩张数量，降低企业单位时间内的国际化扩张速度；反之，在接收到海外投资信号时，如果高管团队注意力并未集中于风险因素，而是聚焦于投资收益、自然资源、市场收益、优惠政策等可能获取的海外投资收益，国际化风险在决策中的重要性会大大降低，机会与收益的重要性会得到显著提升，并以此对国际化各个议题进行解释与选择。对国际化风险的关注力度越弱，高管团队海外决策的风险承担水平就会越高（Acedo and Casillas，2007），从而会对海外投资机会迅速做出反应，造成国际化深度、程度以及广度在某一特定时间内的快速增加。

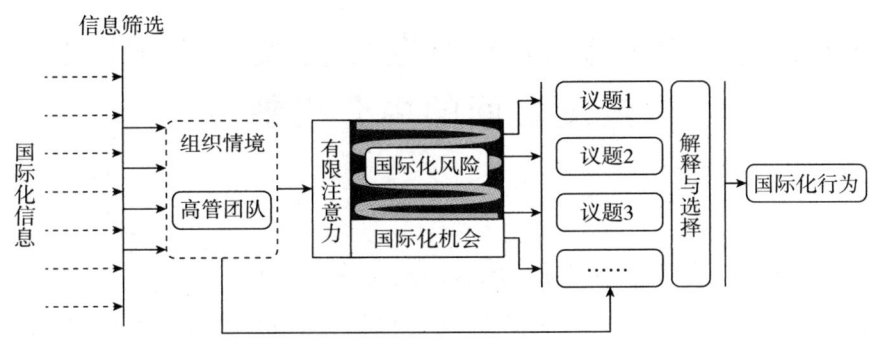

图 3-3　国际化风险注意力对国际化行为的影响机制

综上所述，高管团队在国际化风险上的注意力配置强度越高，其战略选择的风险承担水平越低，越倾向于风险性较低的行动方案，从而减少海外投资项目，降低企业国际化扩张速度；反之，高管团队在国际化风险上的注意力配置强度越低，其战略选择的风险承担水平越高，越倾向于风险性较高的行动方案，从而增加海外投资项目，促使企业国际化程度、广度、深度的快速增加。因此，本书提出如下假设：

H3：在对其他相关因素进行控制的前提下，高管团队国际化风险注意力与国际化速度负相关。

H3a：在对其他相关因素进行控制的前提下，高管团队国际化风险注意力与基于深度的国际化速度负相关。

H3b：在对其他相关因素进行控制的前提下，高管团队国际化风险注意力与基于程度的国际化速度负相关。

H3c：在对其他相关因素进行控制的前提下，高管团队国际化风险注意力与基于广度的国际化速度负相关。

五、国际化风险注意力在高管权力与国际化速度之间的中介机制

本书认为，高管团队国际化风险注意力在高管权力与国际化速度之间起中介作用，即高管权力会首先对高管团队的国际化风险注意力产生影响，而高管团队的国际化风险注意力会进一步造成国际化速度的差异。

首先，基于注意力基础观的解释。注意力基础观认为，组织决策取决于决策制定者有限的注意力聚焦，而注意力对某些议题或者方案的聚焦取决于决策制定者对自身所处情境的认识。决策制定者对自身情境的认知取决于企业规则、资源以及社会关系对注意力聚焦议题以及方案的管理与控制，这些管控是通过将战略决策者与企业特定活动、沟通以及流程结合在一起来实现的（Ocasio, 1997），如图 3-4 所示。换句话说，高管团队注意力是解释组织情境对企业战略行为内部机制影响的中介变量。权力是影响他人思想或者行为（Keltner, Gruenfeld and Anderson, 2003）以及利用他人实现预期目标的能力（Dijke and Poppe, 2004），是"管理者在战略制定过程中能够发挥自身意志的能力"。因此权力对组织内部活动、沟通以及流程都将产生深刻影响，是组织内部情境的重要组成部分之一。而基于程度、深度、广度的国际化速度本质上是国际化战略不同侧面在时间维度上的具体体现，其表现反映企业风险承担偏好。而国际化风险注意力在两者之间起中介变量的作用。

其次，基于高阶梯队理论的解释。Hambrick 和 Mason（1984）在其经典文献中指出，支撑高层管理者（或高管团队）战略决策与战略选择的"心理认知过程可以用一种序列关系方式加以概念化"，即由于有限理性，处在特定情境中的高层管理者（高管团队）所具有的主客观状态与特征，

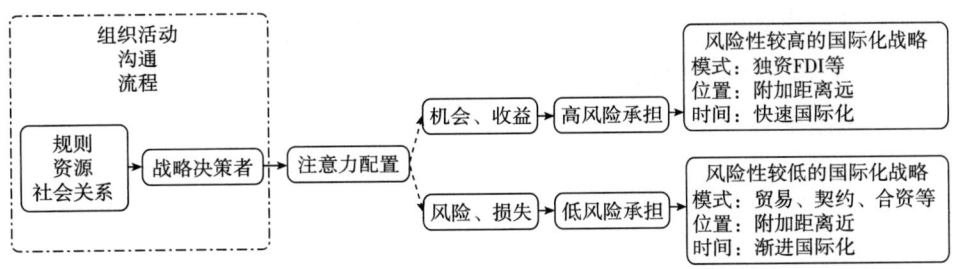

图 3-4　国际化风险注意力的中介效应机制

会影响或决定其认知图式与注意力，而基于特定认知图式所进行的信息处理与情境阐释又进而决定管理者的战略选择。基于高阶梯队理论特征—认知—行为范式，高管权力较高会引致行为趋近系统发挥作用，从而促发对国际化扩张的高收益动机，对国际化风险关注程度会降低，而对国际化风险的低关注会降低对国际化项目的风险评估，使高管团队具备较高程度的风险承担水平，单位时间内造成高频率的国际化扩张活动。

综上所述，作为高管团队认知的重要表现形式，高管团队在国际化风险上的注意力配置是高管权力与国际化战略选择的中介变量。高管拥有权力的差异，会导致高管团队在国际化风险上的关注程度差异，进而导致对国际化项目的风险承担水平差异。高管权力越大，其对国际化风险的注意力配置就会越少，风险承担水平越高，越倾向于风险性较高的行动方案，从而增加海外投资项目，提高企业国际化扩张速度；反之，高管权力越小，其对国际化风险的注意力配置就会越多，风险承担水平越低，越倾向于风险性较低的行动方案，从而减少海外投资项目，降低企业国际化扩张速度。因此，本书提出如下假设：

H4：高管团队国际化风险注意力是高管权力与国际化速度关系机制中的中介变量。

H4a：高管团队国际化风险注意力是高管权力与基于深度的国际化速度关系机制中的中介变量。

H4b：高管团队国际化风险注意力是高管权力与基于程度的国际化速

度关系机制中的中介变量。

H4c：高管团队国际化风险注意力是高管权力与基于广度的国际化速度关系机制中的中介变量。

六、高管团队任务导向断裂带：团队认知冲突的调节作用

断裂带是指根据一个或多个属性特征将群体划分为不同亚群体的假想分割线（Lau and Murnighan，1998）。断裂带广泛存在于组织之中，是团队内部关系以及任务冲突的来源之一（Hiller and Hambrick，2005；Thatcher and Patel，2011）。高管团队是国际化战略的制定者和负责人，相对于人口特征属性而言，任务导向的相关属性（如任期、职能背景、教育程度等）对国际化战略的制定影响会更大（周建等，2015）。除此之外，断裂带是一个隐形分割线，只有在激活状态才能真正发挥作用。由于本书的研究重心是国际化战略这一任务情境，所以选择任务导向断裂带将更加合适。本书认为，高管团队任务导向断裂带强度会对高管团队决策过程中信息共享、团队冲突以及风险承担造成影响，从而影响团队决策质量以及决策效率，如图3-5所示。因此高管团队任务导向断裂带强度会对高管权力与国际化速度之间的关系起负向调节作用，即随着高管团队任务导向断裂带强度增高，高管权力与国际化速度之间的正相关关系会减弱。

首先，信息共享。团队成员组成对信息共享以及知识整合具有显著影响（Kenney and Gudergan，2006）。根据自我分类理论（Self - categorization Theory）以及相似吸引范式（Similarity - attraction Perspective），个体具有对事物进行自动分类的倾向（Turner，1985），当他人具备与其相似的特征属性时，会将该个体赋为自我范畴，同时具备相似性的个体会互相吸引，成

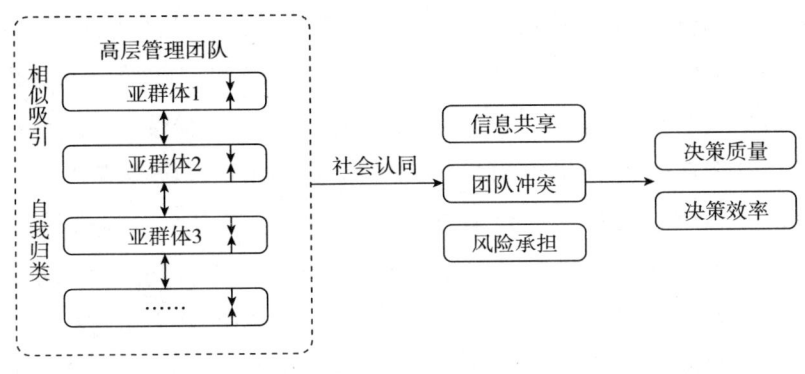

图3-5 高管团队断裂带对决策质量及效率的影响机制

为一个群体。基于种族中心主义（Ethnoentrism）的社会认同理论认为，当个体进行自我归类后，会通过维持积极社会认同以获取自尊，从而对内群体产生偏爱，而对外群体产生偏见和排斥，产生我们—他们的心理区分。个体将刻意与其他群体保持距离，对所属群体的认同感和归属感会使个体获得积极的自我认知，从而会对个体的行为起规范作用（Tajfel, 1979）。团队信息共享程度取决于团队认同水平。因此在高管团队任务导向断裂带强度较大的情况下，尽管高管团队亚群体内部沟通会增强，但是亚群体之间的沟通将大幅度减少，整个高管团队信息共享及互动都因此而受到巨大影响（李维安等，2014）。当断裂带强度很高时，亚群体间的信息开放度将降低。比如说，任期长、学历水平较低、有技术职能背景的高管团队成员会拒绝向新任的、学历水平较高的、有综合管理职能背景的成员提供国际化相关信息。团队整体的知识整合将受到极大影响。当具备较高权力的高管及高管团队进行国际化决策时，高管团队的内部分裂和团队共有信息量的缺乏会导致决策效率低下（Thatcher and Patel, 2011），从而错过有价值的国际化投资机会，降低国际化速度。

其次，团队冲突。根据社会认同理论的主要观点，个体总是会寻找积极社会认同。在特征属性相似的亚群体内个体会更容易获取较高程度的自尊感。当个体因此产生自身的亚群体归属感时，总会尽可能夸大亚群体间的差异。亚群体间的个体会彼此歧视甚至敌对，形成团队内冲突（Tajfel，1979）。冲突是指个体对自身与他人观点分歧以及不相容的感知（郎淳刚等，2007）。当高管团队存在较高程度的任务导向断裂带时，团队凝聚力下降，负性团队冲突和组织内耗程度会增加，决策质量会降低（Lau and Murnighan，2005；陈悦明等，2012）。在针对某一个实际议题进行讨论时，不同成员可能会基于这种非理性认知针对一些非关键性问题争执不休，即并非是出于对组织利益考虑的角度进行讨论，而仅仅是为了维护亚群体观点而进行的辩论。因此在高管团队制定国际化战略时，CEO等高管将耗费大量时间精力处理内部成员冲突问题，这对于组织获取信息、快速抓住投资机会都将产生负向作用。

最后，风险承担。对于不确定性较高的决策而言，如果决策群体能够建立共同目标，实现目标共享和责任共担能够促进决策团体提高风险承担水平（Watson and Kumar，1992）。当整个高管团队能够由所有成员共同承担决策风险时，团队整体更愿意尝试风险大、收益大的投资项目。在高管团队存在较低程度的断裂带时，成员间冲突较少，信息沟通顺畅，团队凝聚力强，更容易形成比较一致的战略目标，团队成员也更愿意集体承担高风险，当CEO提出某个风险性较高的国际化投资方案时，更容易获得支持，因此国际化速度会随之上升；反之，当高管团队断裂带强度较高时，亚群体间观点分歧较多，很难形成一致性战略目标。另外，一旦某亚群体提出的战略方案最终获得通过，该项议题的风险需要由该亚群体单独承担。在这种情况下，高管团队成员最终会倾向于风险性较低的投资决策。当CEO提出某个风险性较高的国际化投资方案时，将很难获得支持，因此国际化速度会随之下降。

综上所述，随着高管团队任务导向断裂带强度的增加，高管团队内部决策过程会出现信息共享不完全、团队冲突以及风险规避的问题，从而减弱高管权力与国际化速度之间的正相关关系。也就是说，随着高管团队任务导向断裂带强度增高，高管权力与国际化速度之间的正相关关系会减弱；随着高管团队任务导向断裂带强度降低，高管权力与国际化速度之间

的正相关关系会增强。由此,本书提出如下假设:

H5:高管团队任务断裂带强度负向调节高管权力与国际化速度之间的正相关关系。

H5a:高管团队任务断裂带强度负向调节高管权力与基于深度的国际化速度之间的正相关关系。

H5b:高管团队任务断裂带强度负向调节高管权力与基于程度的国际化速度之间的正相关关系。

H5c:高管团队任务断裂带强度负向调节高管权力与基于广度的国际化速度之间的正相关关系。

七、企业业绩反馈顺差:组织决策情境的调节作用

高管团队认知的形成不仅依赖于高管个体认知,而且与组织决策情境以及群体依赖、冲突等多元、复杂因素均密切相关。"生知安行,学知利行,困知勉行"。认知是在受到外界环境刺激之后形成的一种态度以及信念,在以往信息、知识以及经验的基础上对外部刺激做出合理的判断和解释,并相应做出规划以及进一步的行动。高管团队的认知模式决定企业的战略模式,从而决定企业的竞争能力和绩效水平;反过来,企业的竞争能力和绩效水平又会对高管团队的认知模式产生巨大的影响。

组织情境是组织意识形态的重要组成部分之一,是影响高管团队认知结构及内容的重要信息源(Meyer,1982)。组织业绩反馈结果为组织战略有效性提供衡量准则。实际业绩与企业业绩期望之间的差距是管理者进行后续战略选择的关键参考点(Cyert and March,1963)。业绩反馈包含纵向和横向两种反馈类型,即基于历史的业绩反馈差距以及基于行业的业绩反

馈差距。历史业绩反馈是将企业当期的实际业绩与根据企业历史业绩计算而来的当期绩效的期望水平之间的差距,而行业业绩反馈是将企业当期的实际业绩与根据企业所处行业的平均业绩计算而来的当期绩效的期望水平之间的差距。

本书认为企业的业绩表现除了为组织决策创造一个有效的参照点之外,还对CEO、高管团队以及其他相关利益者的自我认知和社会认知提供一个有效的信号。无论基于历史抑或行业业绩期望,随着企业业绩反馈顺差的增加,相关利益者会降低对CEO和高管团队决策的质疑,拥有较高权力的高管会更加相信自己的能力,更加恐惧于失去已有的利益,因此会更加倾向于为了更高的收益而忽略风险,因此三个不同维度的国际化速度会更加具有跳跃性。原因主要有以下四个:

首先,过度自信(Managerial Overconfidence)。业绩反馈决策模型指出,绩效的目标期望水平是管理者进行决策的关键参照点。管理者在对组织实际业绩以及目标期望水平之间的距离进行考察评估后,做出后续的战略选择。目标期望水平是衡量企业业绩成败或者好坏的标准。当实际业绩高于目标期望水平时,意味着企业的战略选择是令人满意的,是成功的;当实际业绩低于目标期望水平时,意味着企业的战略选择是令人失望的,是失败的(March and Simon,1958)。而当管理者在过去的工作中取得成功时,其往往将业绩的成功完全归因于自身能力,因此,历史业绩表现优秀的企业高管团队更加容易表现出过度自信的倾向(Gervais and Odean,2001)。高层管理者的过度自信心理一般有三种表现:一是对自己的能力存在过高估计,主要表现在认为自身具备全面的知识和技能,从而能够更有效地掌控局面(Weinstein,1980);二是对预期收益存在过高估计,对决策风险却存在过低估计(Malmendier and Tate,2005);三是高估私人信息准确性(Daniel et al.,2001)。在出现海外投资机会信号时,过度自信的高层管理者会对海外扩张收益及盈利可能性给予过高评价,而无意识地忽略可能出现的决策风险以及客观条件约束(姜付秀等,2009),从而导致高频率的海外投资。业绩反馈顺差越大,高层管理者对自身成功的认知越强烈,其过度自信程度越高。当拥有较高权力的高管急于扩建自己的商业帝国时,在较高程度的过度自信心理的影响下,会进一步促进高管团队对国际化风险的主观忽略,从而导致高速的国际化扩张。

其次,损失厌恶(Loss Aversion)。前景理论(Prospect Theory)的基础理论之一即损失厌恶。当决策者进行决策时存在参照依赖,即影响决策者决策的并非是决策后果的绝对值,而是决策后果与参照点的相对位置(张军伟等,2011)。对于决策者而言,在根据参照点做出收益或损失的判断之后,损失所带来的心理冲击要明显大于等量收益带来的心理效应(Kahneman and Tversky,1979),即相对于等量收益而言,个体会更加介意损失。这就是损失厌恶原则。在高层管理者决策过程中,相对于参照点而言,如果决策会为企业带来确定的收益,则高层管理者倾向于采用风险规避的战略方案,如果决策会为企业带来确定的损失,则高层管理者会倾向于采用风险追求的战略方案(Tang et al.,2016;Tversky and Kahneman,1991)。在这一理论的支撑下,很多学者认为,当企业前一期的实际业绩高于其当时的历史或者行业业绩期望时,管理者倾向于选择风险规避的战略方案(Chen et al.,2013;Wiseman and Bromiley,1996),但这一观点并未获得广泛的认可(宋铁波等,2017;徐小琴,2016)。

本书认为,令人满意的绩效结果固然会令组织战略产生惯性(Miller and Chen,1994;张远飞等,2013),但是过去的绩效已经沉没,真正让高层管理者作为参照点并进一步做出决策的并非过去已经取得的业绩顺差(a)(Cyert and March,1963),从静态来说,对管理者决策产生影响的是决策后可能取得的绩效后果与现阶段绩效期望之间的差距(b),从动态来说,对管理者决策产生影响的是未来业绩反馈差距与过去业绩反馈差距之间的差距(c)。如图 3-6 所示。

当 $t-1$ 期企业的实际业绩高于业绩期望时,在 t 期的业绩期望会随之上升,因此在进行战略决策时,t 期的实际业绩必须高于这一调整后的业绩期望值,企业的战略选择才可以被认为是成功的。随着 $t-1$ 期业绩反馈值的增加,t 期的业绩期望会进一步提升,企业业绩必须随之上升,才可以

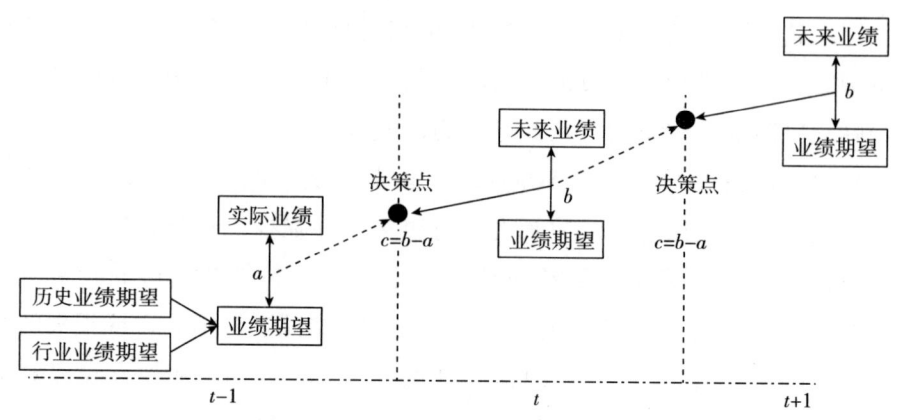

图3-6 基于业绩反馈理论的决策模式选择

达到满意状态。但是在资源、能力限制下的企业，持续性的业绩增长是不可能的。当 $t-1$ 期的业绩反馈顺差越来越大时，达到同样程度的顺差难度会越来越大，最终 t 期的业绩反馈顺差将越来越小，直至为0，甚至出现落差。根据 Thaler（1990）的观点，个体对拥有物品的价值评判往往高于并不拥有该物品时的价值评判。也就是说，个体拥有某物品之后，一旦失去，其痛苦程度要远远超过从不曾拥有这个物品。在获得往期业绩反馈顺差的前提下，管理者往往无法承受失去这种成功状态。因此，在这种情况下，高层管理者会因为无法实现持续增长或者业绩增长率下降而承受失败和损失。在损失规避的原则下，为了尽可能实现参照点绩效，高层管理者会更加注重收益，忽视风险，从而宁可承担高风险也要使企业获得高额利润（徐小琴等，2016）。由此可见，在高管具有较高程度权力的背景下，业绩反馈顺差所造成的累积获益以及未来业绩期望的不断提高会进一步改变高管团队的风险偏好，促进其对风险的忽略，从而推动国际化程度、深度、广度的快速增加。

再次，合法性信号（Organizational Legitimacy）。合法性是组织行为的驱动力之一，无论合法性是否有益于企业绩效表现（Deephouse and Cater,2005）。权力合法性是指管理者的权力来源与组织制度以及组织利益的匹配程度。当企业的实际业绩高于历史或者行业水平时，即组织达到一种相对成功的状态时，董事会以及其他利益相关者会对高管团队做出的前期战略决策以及资源配置活动普遍表示认同（张远飞等，2013；巩键等，2016），权力合法性得到认可并进一步巩固。一方面，相关利益者的认同会使 CEO 乃至整个高管团队的自信程度进一步提升，如前所述，这会导致高管团队对机会的重视和对风险的忽略。当高层管理者知觉到权力合法时，其决策效率也会相应更高（Willis and Rodríguez-Bailón，2010）。另一方面，前期战略决策的有效性会令相关利益者对高管团队战略选择的质疑降低，监管会随之相对弱化，高管团队的决策自主性会大大提升，为其进一步忽略风险，寻求机会从而进行更快速的国际化扩张创造条件。

最后，资源冗余（Slack Resources）。企业是资源集合体（Wernerfelt，1984）。资源差异会导致企业截然不同的战略行为（Penrose，1959）。企业国际化战略选择必然受到企业特有资源的影响。组织资源冗余能够在保证企业生存的基础上为战略选择提供支持（Cyert and March，1963）。内部资源冗余可以作为应对企业破产风险、收益下降风险的缓冲器，从而确保企业生存发展（George，2005）。与资源相对匮乏的企业相比，资源冗余能够允许企业适应复杂的竞争环境，改变战略行为并且承担战略风险（Levinthal，1997）。业绩反馈顺差意味着组织资源的持续增长，这可以为高管团队制定与执行快速国际化战略创造条件。当组织内部资源充足时，高管团队对资源焦虑度较低，从而将注意力集中于项目搜寻和执行而相对忽略风险，CEO 以及高管团队会更加自信于制定风险性较高的国际化战略决策。同时，在资源充足的条件下，高管团队也更加有能力执行快速的国际化扩张。当高管团队兼具国际化扩张意愿以及能力时，国际化速度也会随之显著提升。

综上所述，基于历史或者行业的业绩反馈顺差越大，高管权力与三个维度的国际化速度之间的正相关关系就会越显著，因此，本书提出如下假设：

H6：高管权力与国际化速度之间的正相关关系受企业业绩反馈顺差的

正向调节。

H6a：高管权力与国际化速度之间的正相关关系受企业历史业绩反馈顺差的正向调节。

H6a-1：高管权力与基于深度的国际化速度之间的正相关关系受企业历史业绩反馈顺差的正向调节。

H6a-2：高管权力与基于程度的国际化速度之间的正相关关系受企业历史业绩反馈顺差的正向调节。

H6a-3：高管权力与基于广度的国际化速度之间的正相关关系受企业历史业绩反馈顺差的正向调节。

H6b：高管权力与国际化速度之间的正相关关系受企业行业业绩反馈顺差的正向调节。

H6b-1：高管权力与基于深度的国际化速度之间的正相关关系受企业行业业绩反馈顺差的正向调节。

H6b-2：高管权力与基于程度的国际化速度之间的正相关关系受企业行业业绩反馈顺差的正向调节。

H6b-3：高管权力与基于广度的国际化速度之间的正相关关系受企业行业业绩反馈顺差的正向调节。

八、本章小结

中国企业快速、跳跃的国际化扩张背后的高管及高管团队认知特征以及其内部作用机制究竟如何？本章从这一研究问题入手，基于认知心理学的基础理论以及行为战略视角的理论框架给予解释。第一，从理性认知和非理性认知两维度入手，提出高管拥有的权力越高，其战略选择越具有风险偏好性，在私有利益的驱动下，高管会倾向于风险性较高的国际化高速扩张。第二,基于行为趋近理论和中国情境,提出高管拥有的权力与国际化风险注意力呈负相关关系。第三,高管团队在国际化风险上的注意力配置强度与战略选择的风险承担水平负相关,从而与风险性较高国际化扩张速度也呈现负相关关系。第四,根据注意力基础观基本模型以及高管团队特征—认知—行为范式,提出高管团队在国际化风险上的注意力配置是高管权力与国际化战略选择的中介变量。第五,从信息共享、团队冲突以及风险承担三个维度提出高管团队任务导向断裂带对高管权力与三个维度国际化速度之间正相关关系的负向调节作用。第六,从过度自信、损失厌恶、合法性信号以及资源冗余四个不同视角分析业绩反馈顺差对高管权力与三个维度国际化速度之间正相关关系的正向调节作用。在上述理论推导的基础上,本章共提出19个假设,为下一章实证分析奠定了理论基础。

第四章
研究设计

第二章、第三章分别对国际化速度以及行为战略视角的相关理论进行理论综述,对高管权力、高管团队国际化风险注意力、高管团队任务导向断裂带、业绩反馈以及国际化速度的关系进行理论归纳及演绎,并在此基础上提出反映中国企业国际化战略背后的高管团队非理性行为决策逻辑和作用机制的多条假设。本章的主要内容为基于前期的理论构建和所提假设,以具有国际化行为的中国上市公司为研究对象,利用国泰安、锐思等数据库以及财经类网站、上市公司年报、企业官方网站等渠道进行数据搜寻、人工整理和数据挖掘,并构建纵贯面板数据。

基于本书的研究主题是战略管理、国际企业管理等宏观层面的管理学研究,而且国际化速度的体现需要长期连续的观测数据,因此为了保证数据的可获取性,本书采取的数据源自国内权威上市公司数据库以及上市公司年报,其数据性质是二手数据。二手数据的特点是并非像一手数据那样是为了某个特定的研究目的由研究者直接搜集而来的,而是通过公共及公开的渠道获得,其具有样本量大、时间跨度长、客观性较强以及可复制性较强等优点,因此更适合于构建面板数据以进行实证分析。

一、样本选取与数据来源

基于国泰安上市公司数据库（CSMAR）、巨潮资讯网中国上市公司年度报告资源等，对2008～2015年度范围内在上海与深圳交易所发行A股挂牌上市的中国上市公司相关数据进行人工搜集整理、数据挖掘。由于从2008年开始国泰安数据库中有关高管的各种信息才相对完备，样本初始年份确定为2008年。在对样本进行选择和核对时，依据的标准有4个：①本书的研究对象是具有国际化行为的中国上市公司，其确定标准是在2008～2015年存在海外销售收入。②由于本书涉及国际化企业的对外直接投资行为，而Luo和Tung（2007）对新型经济下的跨国公司曾进行过定义："来自新兴经济体，进行对外直接投资，在一个或多个国际化组织对跨国界经营活动进行有效控制并从事价值增值活动的跨国企业。"因此，本书以此定义为参照，在核查企业的海外子公司时，将不具备子公司控制权、主要在避税国投资以及并非以获利为主要目的的企业样本排除。③由于金融行业国际化行为具有特殊性，样本不包含所有金融类企业，包括货币金融服务、资本市场服务、保险业、其他金融业等（行业代码范围为J66～J69）。④由于本书涉及大量行为视角变量，数据计算复杂且获取难度较高，部分企业样本数据缺失严重，将这一部分企业样本予以删除。在进行完上述删减之后，本书最终获得由253家企业、共计2024个观测值所构成的平衡面板数据。本书国际化战略相关变量主要通过手动翻阅与整理企业年报而得到。行为视角的变量基础数据主要通过CSMAR、RESSET等数据库、企业官方网站以及新浪财经、凤凰财经等财经类网站收集，并在此基础上根据以往研究选取的计算公式自行计算而来。缺失数据主要通过上市公司年报、公司网站等渠道进行补充，并对所收集数据进行交叉比对，当不同来源的数据出现不一致时，数据以年报为准。

二、变量测量

本书属于国际化管理、战略管理等宏观层面的研究，且时间跨度较长，因此选取二手数据进行实证分析。在变量测量上，所有选取变量均为借鉴以往研究，选择适宜的替代变量来进行衡量，测量效度较高。

（一）被解释变量

本书的被解释变量为中国企业国际化后速度。不同维度的国际化距离与时间的组合能够描述中国企业国际化动态进程的不同侧面。在前文理论分析的基础上，借鉴以往学者的研究，本书按照国际化过程的静态特征类型将国际化速度分为三个维度，即基于深度的国际化速度、基于程度的国际化速度以及基于广度的国际化速度，以分别代表国际化深度、国际化程度以及国际化范围的动态变化，从而全面地刻画中国企业国际化的动态特征。

第一，基于深度的国际化速度。国际化深度是指企业海外资源承诺的程度。以往研究中，大多用海外分支机构数、海外员工比例以及海外资产比例来对海外资源承诺的程度进行刻画（Kuivalainen et al., 2007）。在借鉴以往研究的基础上，本书选取海外子公司数量的变化率作为基于深度的国际化速度的衡量指标。

第二，基于程度的国际化速度。基于程度的国际化速度是指企业海外销售承诺的变动速度。因此，借鉴以往研究（Zahra and George, 2002；Bonaccorsi, 1992；Calof, 1994；Sullivan, 1994），本书选取海外销售收入占总销售收入的比重（FSTS）来对国际化程度进行衡量。基于程度的国际化速度即国际化程度的变动比率。

第三，基于广度的国际化速度。国际化广度是指企业海外业务所涵盖的区位范围（Zahra and George，2002）。现有文献对国际化广度的衡量指标主要包括出口区位数（国家、地区）、海外机构分布区位数（国家、地区）、海外市场分散程度等（王益民等，2017）。本书选取被广泛使用的指标，以海外子公司所在国家数量的变化率作为基于广度的国际化速度的衡量指标。除此之外，由于现存统计核算制度的原因，对港澳台地区的直接投资一直列为对外直接投资的范围，将其排除在国际化范围之外，应该更能体现中国企业对外直接投资真正的广度特征。因此，在稳健性检验中，将去除中国港澳台地区之后的海外子公司所在国家数量的变化率作为对基于广度的国际化速度的衡量指标，以进一步衡量模型结论的稳健性。

对基于三个不同维度的国际化速度数据收集均是通过巨潮资讯网下载样本企业数据后，通过对公司海外分支机构数量、区位的手动收集、搜索以及整理、计算而获得。

（二）解释变量

本书的解释变量是高管权力强度。对高管权力强度的衡量指标数量很多，但大多缺乏系统性以及内部逻辑性（李胜楠和牛建波，2014）。直到Finkelstein（1992）在其经典论文中将管理者权力定义为管理者在战略制定过程中能够发挥自身意志的能力，并按照处理企业内外部不确定性的能力划分为组织权力、所有权权力、声望权力以及专家权力四个类别，并分别给予对应指标后，大部分实证研究的指标选取均基于该框架，对高管权力的衡量的可复制性和可比较性程度随之增加，如图4-1所示。

权小峰和吴世农（2010）在参考上述分类的基础上，根据中国企业的实际特征，结合数据可获得性，发展出针对中国企业高管权力的四个维度的衡量体系，其中每个维度都由两个指标进行衡量，包括两职合一、兼任内部董事、公司持股、机构投资者比例、高学历、企业外兼职、高职称以及任职时间共8个指标，如表4-1所示。

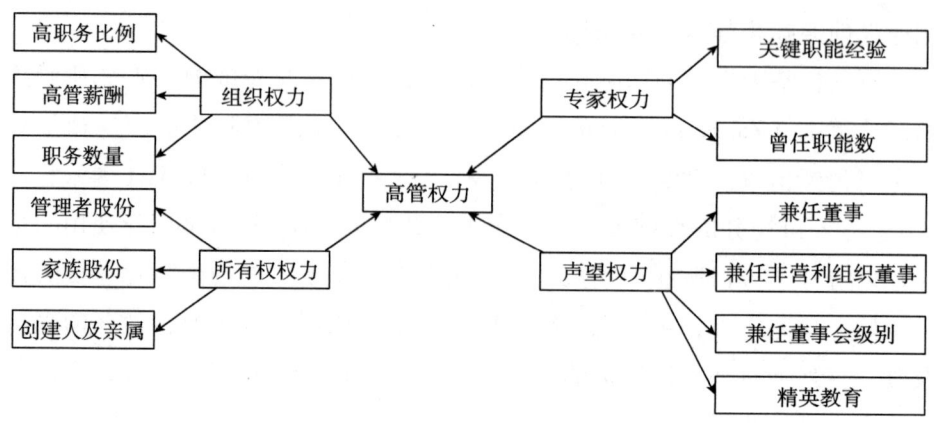

图 4-1 高管权力衡量维度及指标

资料来源：Finkelstein (1992)。

表 4-1 高管权力各维度衡量指标

权力类别	指标名称	指标符号	指标衡量
组织权力	两职合一	Dual	是否二值合一，是取 1，否取 0
	兼任内部董事	Dire_in	是否公司内部董事，是取 1，否取 0
所有制权力	公司持股	Share_hold	是否持有本公司股权，是取 1，否取 0
	机构投资者比例	Inves_ins	机构投资者比例是否低于行业中位数，是取 1，否取 0
声誉权力	高学历	Education	是否具有硕士以上学历，是取 1，否取 0
	企业外兼职	PT	是否有企业外兼职，是取 1，否取 0
专家权力	高职称	Profe_title	是否具有高级职称，是取 1，否取 0
	任职时间	Tenure	任职时间是否高于行业中位数，是取 1，否取 0

资料来源：权小锋和吴世农 (2010)。

本文借鉴 Finkelstein (1992)、权小峰和吴世农 (2010) 的衡量体系将高管权力按照以下四个维度进行计算。

组织权力是指以完成组织目标为前提，由组织科层制结构所赋予的管理者对其他人实施影响的能力。这种权力可以保证高层管理者调动下属以及支配资源的能力。由于 CEO 兼任董事长或者内部董事会显著削弱董事会对高层管理者的监管作用，造成高管权力显著增加（Hayward and Hambrick，1997）。因此选取两职合一（*Dual*）和兼任内部董事（*Dire_ in*）两个虚拟指标对组织权力进行衡量。当 CEO 和董事长两职合一时，两职合一变量则赋值为 1，否则为 0；当 CEO 在企业董事会兼任内部董事时，兼任内部董事变量则赋值为 1，否则为 0。

所有制权力基于委托代理理论而产生，是指当 CEO 拥有企业股权时，其会拥有企业所有者和管理者的双重身份，在保证自身职位的安全性、与董事会相抗衡的能力以及对公司重大决策的掌控力度方面会更加具备优势。选取公司持股（*Share_ hold*）以及机构投资者比例（*Inves_ ins*）两个虚拟变量对所有制权力进行衡量，当 CEO 持有公司股权时，公司持股变量取值为 1，否则为 0；当机构投资者比例高于行业中位数时，机构投资者比例变量取值为 1，否则为 0。

声誉权力是指具备良好信誉和声望的高层管理者往往可以为企业获得更多更广泛的外部支持，从而更有能力应对外部环境的不确定性。选取高学历（*Educa*）和企业外兼职情况（*PT*）对 CEO 声誉权力进行衡量。高学历和企业外兼职往往意味着 CEO 在企业外的声誉以及可信赖程度，从而为争取外部资源和支持提供便利。当 CEO 具有硕士及以上学历时，高学历变量取值为 1；当 CEO 在企业外机构兼职时，企业外兼职变量取值为 1，否则为 0。

专家权力是指高层管理者对企业内部流程较为熟悉，能够掌握更多更广泛更有效的有关公司的知识和信息，从而能够在董事会中更具备话语权。选取高职称（*Profe_ title*）和任职时间（*Tenure*）两个指标对专家权力进行衡量。当 CEO 具有专业领域高级职称时，高职称变量取值为 1，否则为 0；当 CEO 任职时间高于行业中位数时，任职时间变量取值为 1，否则为 0。

目前利用相同或类似指标体系对高管权力进行衡量的方法主要有主成分法（权小锋和吴世农，2010；周建、许为宾和余耀东，2015）以及取均值或者总和的方法（周建、金媛媛和袁德利，2013；李海霞和王振山，2015）。

选取变量前，本书对这 8 个指标首先进行主成分分析，在进行 KMO 和巴特利特球形检验后，KMO = 0.579，巴特利特球形检验 $p < 0.01$，可以进行主成分分析。在对 8 个指标进行主成分提取时，根据特征值 >1 的标准，共提取到 3 个主成分，但其累计解释率仅为 51.920%，即主成分对原数据的代表性较差，该样本并不适合做主成分分析。因此本书借鉴周建等（2013）的思想，采用 8 个指标求平均值的方法进行衡量。所有基础数据收集均来源于国泰安数据库。

（三）中介变量：高管团队国际化风险注意力

注意力是指组织决策人员对议题的察觉、编码、解释和聚焦的过程。管理者注意力配置的差异会导致截然不同的组织行为（Ocasio, 1997）。目前最常用的衡量管理者注意力强度的方法有三种，即案例研究法（Ocasio and Joseph, 2005）、问卷调查法（许晖和郭净, 2013）以及文本分析法（Text Analysis）（Cho and Hambrick, 2006; Levy, 2005）。

文本分析法增加了注意力研究范围，使研究客观性以及精确性均明显提升，且本书选取数据类型为二手数据，因此采用文本分析法对高管团队国际化风险注意力强度进行测量，其具体操作思想是个体认知可以通过其语言得以反映，因此在确定研究问题之后，选定管理者注意力配置的研究内容和主要维度，然后通过专家评议等方法选取相关关键词。在此基础上，搜集企业相关文档（如董事会决议、致股东的信、企业年报以及董事会报告等）进行文本分析，得出文中关键词出现的频数或比重，从而得出相应内容的注意力强度。频数越多或比重越大，说明高管在相应内容上的注意力配置越多；频数越少或比重越小，说明高管在相应内容上的注意力配置越少。在国外相关研究中，主要采用上市公司年报中"致股东的信"的内容作为注意力的分析依据。但是根据中国上市公司信息披露的具体要求，国内研究无法获取此类数据，由于公司年报是公司重要议题的体现，是高管团队认真思考并有选择性地进行信息披露，能够充分地体现企业的战略意图以及其背后高管团队的心理认知（Fiske and Taylor, 1991; 吴建

第四章 研究设计

祖和关斌，2015）。因此国内研究大多采用公司年报的"董事会报告"部分作为测量高管团队注意力的文本基础（吴建祖、曾宪聚和赵迎，2016）。

该指标的具体计算过程如下。

第一步，将选择样本的所有公司年报都转换成 Word 格式，然后将所有样本的"董事会报告"部分（2015 年该部分调整为公司年报第四部分"管理层讨论与分析"）进行合并，在此基础上对汇总文档运用 R 语言的 Rwordseg 包进行中文分词。简单分词结束后，由 2 位相关专业人员将无关的连接词、虚词、数量词、副词、词频过低（5% 及以下）以及其他明显与国际化风险无关的词语进行初步剔除之后，将剩余分词结果分别交给 6 位战略管理和国际企业管理领域的专业人员，由选定专家对这些词语进行主观分类并选取与国际化风险注意力相关的词汇。专家分类的整个执行过程中，各位专家的分类工作都是完全独立完成的。

第二步，将各位专家的词汇筛选结果进行汇总并计算比重，在得到半数以上专家认可后，该词汇可以被列入初步关键词。在计算过程中，被列入初步关键词的有 19 个词汇。接下来由专家们对所有初步关键词与国际化风险注意力的相关程度进行讨论并背对背打分，根据最终初步关键词的得分情况和词频数，最终确定 12 个与国际化风险注意力密切相关的词语，并将其划归到不同维度，如表 4-2 所示。

表 4-2 国际化风险注意力关键词列表

风险维度		关键词	具体语境
高管团队国际化风险注意力	政治风险	动荡	国际动荡、经济动荡、形势动荡
		局势	国际局势、海外局势、全球局势
		政治	国际政治因素、政治风险
	经济风险	下滑	盈利下滑、利润下滑、市场下滑
		萎缩	经济萎缩、海外市场萎缩、需求萎缩
		下行	经济下行、需求下行
		危机	次贷危机、经济危机、金融危机、全球性危机

续表

	风险维度	关键词	具体语境
高管团队国际化风险注意力	政策风险	趋势	投资趋势、政策趋势
	市场风险	波动	价格波动、汇率波动、利率波动、市场波动、销售波动
		风险	经营风险、市场风险、信用风险
	竞争风险	竞争	全球竞争、市场竞争、竞争力、行业竞争、竞争企业、国际竞争
		对手	竞争对手、对手企业

资料来源：根据公司年报进行分词和专家打分得出。

第三步，使用 Nvivo 软件分别对每个企业每年的“董事会报告”或“管理层讨论与分析”部分进行编码，在编码过程中要认真识别并排除词汇出现歧义的语境。然后，将某一关键词所在句子数与文档的总句子数相除后得到的比值确定为该关键词的国际化风险注意力赋值。

第四步，对每个企业每年的 12 个国际化风险注意力的关键词赋值进行求和，得到每个企业每年国际化风险注意力的最终数值。

（四）团队冲突调节变量：高管团队任务导向断裂带

高管团队任务导向断裂带是高管团队在任务相关问题上出现内部分裂的表现。现阶段对团队断裂带强度（Faultline）的衡量方法主要有两种，一是根据团队内各成员多重属性特征，按照团队分类的可能方式以及亚群体内部相同特征的数量，遵循组间差异大、组内差异小的原则对断裂带强度进行判断（Lau and Murnighan，1998；Barkema and Shvykov，2007）。Lau 和 Murnighan（1998）在其经典论文中提供基于四人团队判断断裂带存在与否以及强度大小的方法。而 Barkema 和 Shvykov（2007）则在此基础上提出多成员团队断裂带强弱的判断方法。两者的基本原理是一致的。二是 Thatcher 等（2003）提出的 Fau 算子测量法。这种测量方法是通过在团队成员的各个特征值之间可能存在的分类模式下计算子群体之间的组间平

第四章 研究设计

方和以及总体平方和的比值，并选择不同分类模式下的最高值作为团队断裂带强度的代理指标。其计算公式为

$$Fau_g = \frac{\sum_{j=1}^{q} \sum_{k=1}^{2} n_k^g (\overline{x}_{jk} - \overline{x}_j)^2}{\sum_{j=1}^{q} \sum_{k=1}^{2} \sum_{i=1}^{nk} (\overline{x}_{ijk} - \overline{x}_j)^2} \tag{4-1}$$

其中，i 代表高管团队中的某一个高管成员；j 代表所考察的某一类高管特征值；k 代表所考察的某一个子群体；n 代表高管团队的人数，即高管团队规模；q 代表所考察的特征值数目；g 代表断裂带可能的分类方式，$\overline{x}_{jk}$ 代表子群体 k 成员在特征 j 上取值的平均值；$\overline{x}_j$ 代表所有高管团队成员在 j 特征上赋值的平均值；n_k^g 代表在第 g 种分类模式下，子群体 k 中的高管团队成员人数；$\overline{x}_{ijk}$ 代表在子群体 k 中成员 i 在特征 j 上的赋值。Fau_g 代表在第 g 种分类模式下的高管团队断裂带强度，Fau_g 值在区间 (0，1) 变动，值越大表示高管团队断裂带强度越高；反之则越低。高管团队断裂带强度的最终取值为各种分类模式下断裂带强度的最大值，即 Fau_g 的最大值（$g=1，2，\cdots，s$），其体现高管团队可能出现的最显著断裂带强度。

由于本书的研究主题是国际化战略的动态特征，聚焦于与战略决策高度相关的高管团队任务导向断裂带强度。本书借鉴 Kaczmarek 等（2012）以及周建等（2015）的相关研究，以任期、职能背景以及教育背景三个特征值为基础进行任务导向断裂带强度计算，如表 4-3 所示。其中，借鉴 Kaczmarek 等（2012）以及 Tuggle 等（2010）的相关研究，任期用高管团队中高管的任职时间长短来进行衡量，以自然年数为计量单位。当该高管在某年任职时间超过 6 个月时，则任期赋值为 1，当该高管在某年任职时间少于 6 个月时，则任期赋值为 0；由于公司上市前的高管信息严重缺失，高管任期最高值为上市公司的企业年龄。教育程度是指高管团队成员在观察期的最高学位，共分为 5 类，即博士、硕士、本科、专科及专科以下，其指标赋值分别为 5、4、3、2、1。职能背景是指高管团队成员在观察期所承担的职能情况，其分类标准借鉴周建等（2012，2015）的做法，将职能类型分为转换职能、输出职能以及辅助职能三种类型。将生产、技术、制造、运营等职能背景设定为转换职能，赋值为 1；将销售、营销、市场、

研发等职能设定为输出职能，赋值为2；将财务、法律、管理等职能背景设定为辅助职能，赋值为3。

表4-3 高管团队任务导向断裂带衡量指标

高管团队任务导向断裂带	断裂带维度	维度定义	具体分类及赋值
$Fau_g = \dfrac{\sum_{j=1}^{q}\sum_{k=1}^{2} n_k^g(\overline{x}_{jk} - \overline{x}_j)^2}{\sum_{j=1}^{q}\sum_{k=1}^{2}\sum_{i=1}^{nk}(x_{ijk} - \overline{x}_j)^2}$	任期	高管团队成员进入高管团队的任职期限	自然年度
	教育背景	高管团队成员在观察期的最高学位	博士、硕士、本科、专科及专科以下共5类，其指标赋值分别为5、4、3、2、1
	职能背景	高管团队成员在观察期所承担的职能情况	生产、技术、制造、运营等，赋值为1；销售、营销、市场、研发等，赋值为2；财务、法律、管理等，赋值为3

资料来源：周建，李小青.董事会认知异质性对企业创新战略影响的实证研究[J].管理科学，2012，25（6）：1-12.

高管团队断裂带的基础数据大部分来源于国泰安数据库，本书将获取数据以及缺失数据与公司年报、公司官网以及财经类网站的高管人员部分进行比照，当数据出现不一致时，以年报和官网为准。

（五）决策情境调节变量：业绩反馈顺差

企业业绩期望为管理者决策提供一个关键参考点，该参考点与企业实际业绩之间的差距能够引发组织战略的调整甚至变革（Cyert and March, 1963）。业绩反馈指标衡量的正是企业业绩期望水平与实际业绩之间的距离。业绩反馈指标主要从两个不同维度来加以体现，即行业业绩反馈以及

第四章 研究设计

历史业绩反馈。本书关注的是当企业实际业绩高于绩效期望，即出现绩效反馈顺差时实际业绩与绩效期望之间的差距对主效应的调节作用，因此本书选取的业绩反馈的两个指标分别是历史业绩反馈顺差以及行业业绩反馈顺差。

在以往的相关研究中，销售利润率（ROS）以及总资产报酬率（ROA）都曾被作为业绩反馈中绩效的衡量指标（Audia et al.，2000；宋铁波等，2017；Bromiley，1991；Lant，Milliken and Batra，1992；Miller and Chen，2004；Lin，2014；张远飞等，2013）。由于本书更加关注企业国际化战略的制定以及海外承诺的动态变化，用 ROS 无法完全体现其战略意义，借鉴绝大多数学者的做法，选取总资产报酬率（ROA）作为企业业绩的代理变量。

1. 历史业绩反馈顺差

历史业绩反馈顺差的公式如式（4-2）所示：

$$PF\_his_{i,t} = I_1(P_{i,t-1} - HE_{i,t-1}) \quad (4-2)$$

其中，$PF\_his_{i,t}$表示企业 i 在第 t 年的历史业绩反馈顺差值。$P_{i,t-1}$表示的是企业 i 在过去一年中所取得的实际业绩。由于业绩期望距离对战略决策的影响是存在滞后性的，因此计算本期的业绩反馈值时应采用滞后一期的数据$P_{i,t-1}$（Chen，2008；Lin，2014；张远飞等，2013）。$HE_{i,t-1}$指的是企业 i 在过去一年的业绩期望，其具体做法是对企业在滞后两期的实际业绩$P_{i,t-2}$及其业绩期望$HE_{i,t-2}$求加权平均值。如式（4-3）所示：

$$HE_{i,t-1} = (1-\alpha_1)P_{i,t-2} + \alpha_1 HE_{i,t-2} \quad (4-3)$$

借鉴 Chen（2008）的做法，将权重α_1设定为（0，1）的数值，即从 0 开始，每增加 0.1 即设置为一个权重值，因此α_1共有 11 个取值。本书在进行实证分析时，将所有权重下的加权组合结果均进行检验，结果完全一致。因此借鉴 Chen（2008）以及张远飞等（2013）的做法，在实证结果分析时仅汇报$\alpha_1 = 0.4$时的检验结果。

当企业在上一年度的实际业绩超过其历史业绩期望值时，即$P_{i,t-1} - HE_{i,t-1} > 0$时，判断系数$I_1$则赋值为 1，否则为 0。接下来将判断系数$I_1$与实际业绩与历史业绩反馈值的差值相乘,即可得到截尾的历史业绩反馈顺差值。其值越大,表明实际业绩超过历史业绩期望的程度越高,反之越低。

2. 行业业绩反馈顺差

行业业绩反馈顺差的公式如式(4-4)所示:

$$PF\_ind_{i,t} = I_2(P_{i,t-1} - IE_{i,t-1}) \qquad (4-4)$$

其中,$PF\_ind_{i,t}$表示企业i在第t年的行业业绩反馈顺差值。$P_{i,t-1}$表示的是企业i在过去一年中所取得的实际业绩。由于业绩期望距离对战略决策的影响是存在滞后性的,因此计算本期的业绩反馈值时应采用滞后一期的数据$P_{i,t-1}$(Chen,2008;Lin,2014;张远飞等,2013)。$IE_{i,t-1}$指的是企业i在过去一年的行业业绩期望,其具体做法是对企业所处行业滞后两期的行业业绩中位值$IM_{i,t-2}$及其业绩期望$IE_{i,t-2}$求加权平均值。如式(4-5)所示:

$$IE_{i,t-1} = (1-\alpha_1)IM_{i,t-2} + \alpha_1 IE_{i,t-2} \qquad (4-5)$$

借鉴 Chen(2008)的做法,将权重α_1设定为(0,1)的数值,即从0开始,每增加0.1即设置为一个权重值,因此α_1共有11个取值。本书在进行实证分析时,将所有权重下的加权组合结果均进行检验,结果完全一致。因此借鉴 Chen(2008)以及张远飞等(2013)的做法,在实证结果分析时仅汇报$\alpha_1 = 0.4$时的检验结果。

当企业在上一年度的实际业绩超过其行业业绩期望值时,即$P_{i,t-1} - IE_{i,t-1} > 0$时,判断系数$I_2$则赋值为1,否则为0。接下来将判断系数$I_2$与实际业绩与行业业绩期望值的差值相乘,即可得到截尾的行业业绩反馈顺差值。其值越大,表明实际业绩超过行业业绩期望的程度越高,反之越低。

(六)控制变量

根据以往相关研究文献,本书在对假设进行检验时对如下变量进行控制:

(1)企业年龄($Firm\_age$):采取企业已创建年限,即对企业从成立之日起至测量期年底所跨越的时间进行衡量,测量单位为天数。

(2) 企业规模(Firm_size):传统国际化理论认为,企业需要逐渐积累国际化经验,企业发展壮大之后才能进行更深程度的国际化。虽然国际新创企业或者天生国际化企业的出现证明小规模企业也可以进行快速国际化,但是企业规模是企业实力的具体表现之一,会影响企业的战略定位。不同规模企业的国际化模式及过程具有完全不同的特征。本书采取企业员工总数的自然对数来对企业规模进行衡量。

(3) 所属产业(Industry):不同产业国际化动机存在差异,其国际化模式及速度自然存在差异。因此本书根据证监会《2013年四季度上市公司行业分类结果》设置行业哑变量来控制不同产业对国际化速度以及不同行为机制下的国际化战略可能造成的影响。

(4) 国有股比例(SST):由于中国的特殊国情,国有企业往往承担着经济利益之外的政治任务,而且在国际化过程中其所面临的资源情况、国际化环境都有所差异。因此本书将国有股比例进行控制,以减少因为企业性质造成的结果差异,其计算公式为国有股权数与总股数的比值。

(5) 冗余资源(Slack):企业冗余资源是国际化战略顺利实施的保证,是"加速化"国际化扩张模式的资源前提。本书借鉴大多数学者的做法,将资产负债率作为企业冗余资源的代理变量加以控制。

(6) 国际化程度(DOI):国际化程度代表着企业国际化经验和知识的积累,反映的是企业经营活动的海外依赖性,往往采用企业海外销售承诺作为衡量标准。因此,在参考前人研究的基础上,本书采用企业海外销售收入比例占企业总销售收入比例(FSTS)对国际化程度进行衡量。

(7) 国际化深度(Foreign_subsi):国际化深度反映的是国际化企业的海外经营强度和资源承诺。借鉴以往文献,本书使用企业拥有的海外机构数量进行衡量。

所有变量的定义及来源如表4-4所示。

表 4-4 变量定义及来源

变量类型	变量名称	变量符号	变量定义与计算方式	变量来源
控制变量	企业年龄	$Firm\_age$	企业自创立至今的时间（以年为单位）	CSMAR
	企业规模	$Firm\_size$	企业员工人数的自然对数	CSMAR
	产业	$Industry$	根据《2013年四季度上市公司行业分类结果》设置行业哑变量	CSMAR
	年份	$Year$	设置年份哑变量	CSMAR
	国有股比例	SST	国有股股数占总股本比例	CSMAR
	冗余资源	$Slack$	资产负债率（总负债/总资产）	CSMAR
	国际化程度	DOI	海外销售收入占总收入比例	CSMAR
	国际化深度	$Foreign\_Subsi$	海外直接投资数量	上市公司年报
解释变量	高管权力	$Power$	结构权力、专家权力、所有制权力、声誉权力四种类型权力的8个指标的算术平均值	基础数据来源于CSMAR，在此基础上整理计算得出
中介变量	TMT 国际化风险注意力	$Riskattention$	董事会报告中涉及国际化风险关键词的句子数占所有句子数的比例	上市公司年报
调节变量	TMT 任务导向断裂带	$Tmtfaultline$	$Fau_g = \dfrac{\sum_{j=1}^{3}\sum_{k=1}^{2} n_k(\overline{x}_{jk}-\overline{x}_j)^2}{\sum_{j=1}^{3}\sum_{k=1}^{2}\sum_{i=1}^{n_k}(x_{ijk}-\overline{x}_j)^2}$	基础数据来源于CSMAR，在此基础上整理计算得出
	基于历史的业绩反馈	$PF\_his>0$	$PF\_his = I_1(P_{i,t-1}-A_{i,t-1})$	基础数据来源于CSMAR，在此基础上整理计算得出
	基于行业的业绩反馈	$PF\_ind>0$	$PF\_ind = I_1(P_{i,t-1}-IE_{i,t-1})$	基础数据来源于CSMAR，在此基础上整理计算得出
被解释变量	基于深度的国际化速度	$Speed\_depth$	海外分支机构数量的变动率	上市公司年报
	基于程度的国际化速度	$Speed\_degree$	海外销售额占总销售额比例的变动率	上市公司年报
	基于广度的国际化速度	$Speed\_scope$	海外分支机构所涉及国际化数量的变动率	上市公司年报

三、回归模型构建

根据上文中的假设,本书共构建22个回归模型如下。

$$Speed\_depth_{i,t} = \beta_0 + \beta_1 Firm\_age + \beta_2 Firm\_size + \beta_3 Industry + \beta_4 Year + \beta_5 SST + \beta_6 Slack + \beta_7 DOI + \beta_8 Foreign\_subsi + \epsilon_{i,t} \quad (4-6)$$

$$Speed\_degree_{i,t} = \beta_0 + \beta_1 Firm\_age + \beta_2 Firm\_size + \beta_3 Industry + \beta_4 Year + \beta_5 SST + \beta_6 Slack + \beta_7 DOI + \beta_8 Foreign\_subsi + \epsilon_{i,t} \quad (4-7)$$

$$Speed\_scope_{i,t} = \beta_0 + \beta_1 Firm\_age + \beta_2 Firm\_size + \beta_3 Industry + \beta_4 Year + \beta_5 SST + \beta_6 Slack + \beta_7 DOI + \beta_8 Foreign\_subsi + \epsilon_{i,t} \quad (4-8)$$

$$Speed\_depth_{i,t} = \beta_0 + \beta_1 Firm\_age + \beta_2 Firm\_size + \beta_3 Industry + \beta_4 Year + \beta_5 SST + \beta_6 Slack + \beta_7 DOI + \beta_8 Foreign\_subsi + \beta_9 Power + \epsilon_{i,t}$$
$$(4-9)$$

$$Speed\_degree_{i,t} = \beta_0 + \beta_1 Firm\_age + \beta_2 Firm\_size + \beta_3 Industry + \beta_4 Year + \beta_5 SST + \beta_6 Slack + \beta_7 DOI + \beta_8 Foreign\_subsi + \beta_9 Power + \epsilon_{i,t}$$
$$(4-10)$$

$$Speed\_scope_{i,t} = \beta_0 + \beta_1 Firm\_age + \beta_2 Firm\_size + \beta_3 Industry + \beta_4 Year + \beta_5 SST + \beta_6 Slack + \beta_7 DOI + \beta_8 Foreign\_subsi + \beta_9 Power + \epsilon_{i,t}$$
$$(4-11)$$

$$Riskattention_{i,t} = \beta_0 + \beta_1 Firm\_age + \beta_2 Firm\_size + \beta_3 Industry + \beta_4 Year + \beta_5 SST + \beta_6 Slack + \beta_7 DOI + \beta_8 Foreign\_subsi + \beta_9 Power + \epsilon_{i,t}$$
$$(4-12)$$

$$Speed\_depth_{i,t} = \beta_0 + \beta_1 Firm\_age + \beta_2 Firm\_size + \beta_3 Industry + \beta_4 Year + \beta_5 SST + \beta_6 Slack + \beta_7 DOI + \beta_8 Foreign\_subsi + \beta_9 Riskattention + \epsilon_{i,t} \quad (4-13)$$

$$Speed\_degree_{i,t} = \beta_0 + \beta_1 Firm\_age + \beta_2 Firm\_size + \beta_3 Industry + \beta_4 Year +$$

$$\beta_5 SST + \beta_6 Slack + \beta_7 DOI + \beta_8 Foreign\_subsi +$$
$$\beta_9 Riskattention + \epsilon_{i,t} \quad (4-14)$$

$$Speed\_scope_{i,t} = \beta_0 + \beta_1 Firm\_age + \beta_2 Firm\_size + \beta_3 Industry + \beta_4 Year +$$
$$\beta_5 SST + \beta_6 Slack + \beta_7 DOI + \beta_8 Foreign\_subsi + \beta_9$$
$$Riskattention + \epsilon_{i,t} \quad (4-15)$$

$$Speed\_depth_{i,t} = \beta_0 + \beta_1 Firm\_age + \beta_2 Firm\_size + \beta_3 Industry + \beta_4 Year +$$
$$\beta_5 SST + \beta_6 Slack + \beta_7 DOI + \beta_8 Foreign\_subsi + \beta_9 Power +$$
$$\beta_{10} Riskattention + \epsilon_{i,t} \quad (4-16)$$

$$Speed\_degree_{i,t} = \beta_0 + \beta_1 Firm\_age + \beta_2 Firm\_size + \beta_3 Industry + \beta_4 Year +$$
$$\beta_5 SST + \beta_6 Slack + \beta_7 DOI + \beta_8 Foreign\_subsi + \beta_9 Power +$$
$$\beta_{10} Riskattention + \epsilon_{i,t} \quad (4-17)$$

$$Speed\_scope_{i,t} = \beta_0 + \beta_1 Firm\_age + \beta_2 Firm\_size + \beta_3 Industry + \beta_4 Year +$$
$$\beta_5 SST + \beta_6 Slack + \beta_7 DOI + \beta_8 Foreign\_subsi + \beta_9 Power +$$
$$\beta_{10} Riskattention + \epsilon_{i,t} \quad (4-18)$$

$$Speed\_depth_{i,t} = \beta_0 + \beta_1 Firm\_age + \beta_2 Firm\_size + \beta_3 Industry + \beta_4 Year +$$
$$\beta_5 SST + \beta_6 Slack + \beta_7 DOI + \beta_8 Foreign\_subsi + \beta_9 Power +$$
$$\beta_{10} TMTfaultline + \beta_{11} Power \times TMTfaultline + \epsilon_{i,t} \quad (4-19)$$

$$Speed\_degree_{i,t} = \beta_0 + \beta_1 Firm\_age + \beta_2 Firm\_size + \beta_3 Industry + \beta_4 Year +$$
$$\beta_5 SST + \beta_6 Slack + \beta_7 DOI + \beta_8 Foreign\_subsi + \beta_9 Power +$$
$$\beta_{10} TMTfaultline + \beta_{11} Power \times TMTfaultline + \epsilon_{i,t} \quad (4-20)$$

$$Speed\_scope_{i,t} = \beta_0 + \beta_1 Firm\_age + \beta_2 Firm\_size + \beta_3 Industry + \beta_4 Year +$$
$$\beta_5 SST + \beta_6 Slack + \beta_7 DOI + \beta_8 Foreign\_subsi + \beta_9 Power +$$
$$\beta_{10} TMTfaultline + \beta_{11} Power \times TMTfaultline + \epsilon_{i,t} \quad (4-21)$$

$$Speed\_depth_{i,t} = \beta_0 + \beta_1 Firm\_age + \beta_2 Firm\_size + \beta_3 Industry + \beta_4 Year +$$
$$\beta_5 SST + \beta_6 Slack + \beta_7 DOI + \beta_8 Foreign\_subsi + \beta_9 Power +$$
$$\beta_{10} PF\_his > 0 + \beta_{11} Power \times PF\_his > 0 + \epsilon_{i,t} \quad (4-22)$$

$$Speed\_degree_{i,t} = \beta_0 + \beta_1 Firm\_age + \beta_2 Firm\_size + \beta_3 Industry + \beta_4 Year +$$
$$\beta_5 SST + \beta_6 Slack + \beta_7 DOI + \beta_8 Foreign\_subsi + \beta_9 Power +$$

$$\beta_{10} PF\_his > 0 + \beta_{11} Power \times PF\_his > 0 + \epsilon_{i,t} \quad (4-23)$$

$$Speed\_scope_{i,t} = \beta_0 + \beta_1 Firm\_age + \beta_2 Firm\_size + \beta_3 Industry + \beta_4 Year + \beta_5 SST + \beta_6 Slack + \beta_7 DOI + \beta_8 Foreign\_subsi + \beta_9 Power + \beta_{10} PF\_his > 0 + \beta_{11} Power \times PF\_his > 0 + \epsilon_{i,t} \quad (4-24)$$

$$Speed\_depth_{i,t} = \beta_0 + \beta_1 Firm\_age + \beta_2 Firm\_size + \beta_3 Industry + \beta_4 Year + \beta_5 SST + \beta_6 Slack + \beta_7 DOI + \beta_8 Foreign\_subsi + \beta_9 Power + \beta_{10} PF\_ind > 0 + \beta_{11} Power \times PF\_ind > 0 + \epsilon_{i,t} \quad (4-25)$$

$$Speed\_degree_{i,t} = \beta_0 + \beta_1 Firm\_age + \beta_2 Firm\_size + \beta_3 Industry + \beta_4 Year + \beta_5 SST + \beta_6 Slack + \beta_7 DOI + \beta_8 Foreign\_subsi + \beta_9 Power + \beta_{10} PF\_ind > 0 + \beta_{11} Power \times PF\_ind > 0 + \epsilon_{i,t} \quad (4-26)$$

$$Speed\_scope_{i,t} = \beta_0 + \beta_1 Firm\_age + \beta_2 Firm\_size + \beta_3 Industry + \beta_4 Year + \beta_5 SST + \beta_6 Slack + \beta_7 DOI + \beta_8 Foreign\_subsi + \beta_9 Power + \beta_{10} PF\_ind > 0 + \beta_{11} Power \times PF\_ind > 0 + \epsilon_{i,t} \quad (4-27)$$

上述模型中，i 代表横截面个体企业；t 代表时间，用年份表示；β_0 为模型截距项；$\beta_i(i=1,2,3,\cdots)$ 表示模型中各变量回归系数；$\epsilon_{i,t}$ 为随机干扰项。由于本书研究的企业样本为253家，而时间跨度为2008~2015年共计8年数据，属于短面板，因此并不需要进行单位根检验。所有模型在经Hausman模型检验后，p值均为0，即拒绝原假设，应该选择固定效应模型进行估计。本书选用Stata14.0对模型进行数据分析。

其中，模型（4-6）至模型（4-8）考察的是8个控制变量对国际化速度的影响。模型（4-9）至模型（4-11）考察的是高管权力强度对不同维度国际化速度的影响。模型（4-12）考察的是高管权力强度对高管团队国际化风险注意力的影响。模型（4-13）至模型（4-15）考察的是高管团队国际化风险注意力对不同维度国际化速度的影响。模型（4-16）至模型（4-18）考察的是高管团队国际化风险注意力在高管权力强度与不同维度国际化速度之间的中介作用。模型（4-19）至模型（4-21）考察的是高管团队任务导向断裂带强度对高管权力强度与不同维度国际化速度之间关系的调节作用。模型（4-22）至模型（4-27）考察的是基于行业和历史的业绩反馈顺差对高管权力强度与不同维度国际化速度之间关系的调节作用。

四、本章小结

  针对本书的研究目的和内容，本章主要对样本选择、变量测量、数据来源、收集及获取过程以及实证模型构建等内容进行全面介绍及阐述。首先，详细介绍了样本选择的4个标准，并对选取样本的基本情况和结构进行初步说明。其次，结合研究内容，通过手工收集和整理企业年报数据获取被解释变量——基于3个不同维度的国际化速度的相关数据。通过各权威数据库、企业官网及财经类网站获得行为视角指标的基础数据并基于以往相关研究选择权威算式相应计算。其中，高管权力是对代表权力不同侧面的4个维度8个指标进行平均值处理；高管团队国际化风险注意力是通过对企业年报"董事会报告"部分的文本分析获取；高管团队断裂带是根据任期、职能和教育背景3个维度进行Fau算子计算得出；历史及行业业绩反馈顺差则是通过计算实际业绩与业绩期望值的差值而得出。这些数据的收集及计算工作都极为烦琐，是本书的难点之一。最后，结合文献综述及假设，根据样本特征构建了具体的实证分析模型，并进行说明，为下一章的实证分析工作奠定了基础。

第五章
实证结果及分析

本章将对第三章所提的主效应、中介效应以及调节效应的理论假设进行检验。首先,将对所选取样本的内容和结构进行整体汇报,并对样本变量进行描述性统计分析,以反映样本变量的简单相关关系。其次,根据上文模型,通过相关统计检验,运用多元线性回归分析相应模型来分析变量间关系,所用统计软件为Stata14.0。最后,将详细汇报理论模型的统计分析结果,并有针对性地进行简要评论。

一、描述性统计分析

本部分首先对样本企业特征按照不同标准分类后进行描述,主要描述模型中的基本控制变量,包括企业年龄、地区以及行业的具体分布,这有助于从总体上了解样本结构以及结论代表性。其次对数据样本进行描述性统计分析,主要包括模型变量的均值、平均差以及最大最小值。最后对各变量之间的简单相关系数进行报告,从而对研究假设的进一步检验进行初步判断。

(一) 样本企业年龄统计

本书共获取253家国际化上市公司在2008~2015年共8年间2024个样本值。在这253家企业中，2家企业成立于1980年，占总样本的比例为0.79%；1家企业成立于1983年，占总样本的比例为0.40%；1家企业成立于1984年，占总样本的比例为0.40%；3家企业成立于1985年，占总样本的比例为1.19%；2家企业成立于1987年，占总样本的比例为0.79%；2家企业成立于1988年，占总样本的比例为0.79%；6家企业成立于1989年，占总样本的比例为2.37%；1家企业成立于1990年，占总样本的比例为0.40%；3家企业成立于1991年，占总样本的比例为1.19%；17家企业成立于1992年，占总样本的比例为6.72%；32家企业成立于1993年，占总样本的比例为12.65%；12家企业成立于1994年，占总样本的比例为4.74%；11家企业成立于1995年，占总样本的比例为4.35%；15家企业成立于1996年，占总样本的比例为5.93%；24家企业成立于1997年，占总样本的比例为9.49%；33家企业成立于1998年，占总样本的比例为13.04%；37家企业成立于1999年，占总样本的比例为14.62%；18家企业成立于2000年，占总样本的比例为7.11%；15家企业成立于2001年，占总样本的比例为5.93%；14家企业成立于2002年，占总样本的比例为5.53%；1家企业成立于2003年，占总样本的比例为0.40%；2家企业成立于2005年，占总样本的比例为0.79%；1家企业成立于2006年，占总样本的比例为0.40%。

由以上数据可知，样本企业成立年份范围为1980~2006年，其中98.42%的样本企业年龄超过6年，大多属于比较成熟的国际化企业（Oviatt and McDougall, 2000）。这与本书的研究内容相吻合。大多数样本企业成立年份集中于1992~2002年这11年间，充分反映了党的十四大对我国改革开放和市场经济建设的推动作用，与国内实际情况相一致。因此，由样本企业年龄分布可以看出，样本选择符合中国实际情况并且符合本书研究目的，具有较高的实践代表性，如表5-1所示。

表 5-1 样本企业年龄分布

成立年份	企业数（家）	比例（%）	累计比例（%）
1980	2	0.79	0.79
1983	1	0.40	1.19
1984	1	0.40	1.58
1985	3	1.19	2.77
1987	2	0.79	3.56
1988	2	0.79	4.35
1989	6	2.37	6.72
1990	1	0.40	7.11
1991	3	1.19	8.30
1992	17	6.72	15.02
1993	32	12.65	27.67
1994	12	4.74	32.41
1995	11	4.35	36.76
1996	15	5.93	42.69
1997	24	9.49	52.17
1998	33	13.04	65.22
1999	37	14.62	79.84
2000	18	7.11	86.96
2001	15	5.93	92.89
2002	14	5.53	98.42
2003	1	0.40	98.81
2005	2	0.79	99.60
2006	1	0.40	100.00
合计	253	100.00	

（二）样本企业所在地区统计

在本书所选取的253家上市公司样本中，以注册地为分类标准，样本的地区分布如表5-2所示。由于样本为2008~2015年度范围内在上海与深圳交易所发行A股挂牌上市的中国上市公司,因此地区分布分析范围指的是除港澳台地区以外的其他31个省份。具体分布为:在华东地区6省1市中,8家样本企业位于安徽省,12家样本企业位于福建省,20家样本企业位于江苏省,5家样本企业位于江西省,22家样本企业位于山东省,13家样本企业位于上海市,20家样本企业位于浙江省,其占总样本比例分别为3.16%、4.74%、7.91%、1.98%、8.70%、5.14%、7.91%。整个华东地区样本比重达到39.53%。在华南3个省区中,45家样本企业位于广东省,4家企业位于广西壮族自治区,1家企业位于海南省,其占总样本比例分别为17.79%、1.58%、0.40%。整个华南地区样本比重达到19.76%。在华中3省中,13家样本企业位于河南省,8家样本企业位于湖北省,4家样本企业位于湖南省,其占总样本比例分别为5.14%、3.16%、1.58%。整个华中地区样本比重达到9.88%。在华北地区5个省市区中,10家企业位于北京市,5家位于河北省,2家位于内蒙古自治区,5家位于山西省,5家位于天津市,其占总样本比例分别为3.95%、1.98%、0.79%、1.98%、1.98%。整个华北地区样本比重达到10.67%。在西北5个省级行政区中,1家样本企业位于甘肃省,5家样本企业位于宁夏回族自治区,2家样本企业位于青海省,4家样本企业位于陕西省,未包含新疆维吾尔自治区的国际化上市公司,其占总样本比例分别为0.40%、1.98%、0.79%、1.58%。整个西北地区样本比重达到4.74%。在西南5个省级行政区中,8家样本企业位于贵州省,9家样本企业位于四川省,3家样本企业位于云南省,1家样本企业位于重庆市,在西藏自治区无样本企业。其占样本比例分别为3.16%、3.56%、1.19%、0.40%。整个西南地区样本比重达到5.14%。在东北3省中,2家样本企业位于黑龙江省,5家样本企业位于吉林省,11家样本企业位于辽宁省,其占总样本比例为0.79%、1.98%、4.35%。整个东北地区样本比重达到7.11%。在所有省级行政区中,样本分布比例最多的是广东省,占比近20%,其次是山东省、浙江省以及江苏省。其他省份比例也与各省份的经济发展水平以及国际化程度基本保持一致,样本具有较高效度。

第五章 实证结果及分析

表5-2 样本企业地区分布

地区	省份	样本量（家）	比例（%）	累计比例（%）
华东地区	安徽省	8	3.16	3.16
	福建省	12	4.74	7.91
	江苏省	20	7.91	15.81
	江西省	5	1.98	17.79
	山东省	22	8.70	26.48
	上海市	13	5.14	31.62
	浙江省	20	7.91	39.53
华南地区	广东省	45	17.79	57.31
	广西壮族自治区	4	1.58	58.89
	海南省	1	0.40	59.29
华中地区	河南省	13	5.14	64.43
	湖北省	8	3.16	67.59
	湖南省	4	1.58	69.17
华北地区	北京市	10	3.95	73.12
	河北省	5	1.98	75.10
	内蒙古自治区	2	0.79	75.89
	山西省	5	1.98	77.87
	天津市	5	1.98	79.84
西北地区	甘肃省	1	0.40	80.24
	宁夏回族自治区	5	1.98	82.21
	青海省	2	0.79	83.00
	陕西省	4	1.58	84.58
	新疆维吾尔自治区	0	0.00	84.58
西南地区	贵州省	8	3.16	87.75
	四川省	9	3.56	91.30
	云南省	3	1.19	92.49
	重庆市	1	0.40	92.89
	西藏自治区	0	0.00	92.89
东北地区	黑龙江省	2	0.79	93.68
	吉林省	5	1.98	95.65
	辽宁省	11	4.35	100.00
合计		253	100.00	

(三) 样本企业所在行业统计

根据证监会《上市公司行业分类指引》(2012 年修订) 对上市公司行业的具体划分，本书样本涉及 11 个门类共 41 个行业大类，分布广泛。其中占据主导地位的是制造业，制造业的国际化样本企业占总样本的 84.59%，充分体现了我国制造业大国的地位。服务业国际化企业占总样本的 7.91%，比重较低，这说明我国的服务业国际竞争力和影响力还有待提高。另外，以产业大类来看，建筑业国际化样本企业相对较多，这跟建筑业承接国际项目等行业特性有关。除此之外，其他门类的样本企业数量均较少。具体数据如表 5-3 所示。

表 5-3 样本企业行业分布

产业门类	产业大类	产业代码	企业个数（个）	比例（%）	累计比例（%）
农、林、牧、渔业	渔业	A04	2	0.79	0.79
采矿业	煤炭开采和洗选业	B06	2	0.79	1.58
	黑色金属矿采选业	B08	1	0.39	1.98
	有色金属矿采选业	B09	1	0.39	2.37
制造业	农副食品加工业	C13	2	0.79	3.16
	食品制造业	C14	4	1.58	4.74
	酒、饮料和精制茶制造业	C15	4	1.58	6.32
	纺织业	C17	7	2.77	9.09
	纺织服装、服饰业	C18	3	1.19	10.28
	皮革、毛皮、羽毛及其制品和制鞋业	C19	1	0.40	10.67
	木材加工和木、竹、藤、棕、草制品业	C20	2	0.79	11.46
	家具制造业	C21	1	0.40	11.86
	造纸和纸制品业	C22	1	0.40	12.25
	石油加工、炼焦和核燃料加工业	C25	2	0.79	13.04
	化学原料和化学制品制造业	C26	24	9.49	22.53

续表

产业门类	产业大类	产业代码	企业个数（个）	比例（%）	累计比例（%）
制造业	医药制造业	C27	11	4.35	26.88
	化学纤维制造业	C28	9	3.56	30.43
	橡胶和塑料制品业	C29	7	2.77	33.20
	非金属矿物制品业	C30	6	2.37	35.57
	黑色金属冶炼和压延加工业	C31	11	4.35	39.92
	有色金属冶炼和压延加工业	C32	11	4.35	44.27
	金属制品业	C33	7	2.77	47.04
	通用设备制造业	C34	13	5.14	52.17
	专用设备制造业	C35	16	6.32	58.50
	汽车制造业	C36	6	2.37	60.87
	铁路、船舶、航空航天和其他运输设备制造业	C37	9	3.56	64.43
	电气机械和器材制造业	C38	20	7.91	72.33
	计算机、通信和其他电子设备制造业	C39	35	13.83	86.17
	仪器仪表制造业	C40	1	0.40	86.56
	其他制造业	C41	1	0.40	86.96
电力、热力、燃气及水生产和供应业	电力、热力生产和供应业	D44	2	0.79	87.75
	燃气及水生产和供应业	D45	1	0.40	88.14
建筑业	土木工程建筑业	E48	7	2.77	90.91
	建筑装饰和其他建筑业	E50	3	1.19	92.09
批发和零售业	批发业	F51	5	1.98	94.07
交通运输、仓储和邮政业	水上运输业	G55	2	0.79	94.86
信息传输、软件和信息技术服务业	互联网和相关服务	I64	2	0.79	95.65
	软件和信息技术服务业	I65	3	1.19	96.84
房地产业	房地产业	K70	2	0.79	97.63
租赁和商务服务业	商务服务业	L72	2	0.79	98.42
综合	综合	S90	4	1.58	100
合计			253	100	

(四) 均值、标准差及相关系数矩阵

对本书模型中所涉及的各类变量进行描述性统计，对各指标在观测期间的均值、标准差、最大最小值进行详细汇报，具体数据如表5-4所示。高管权力均值在样本观测期间变化幅度均不大，但是一直保持在0.40左右，数值较高，这说明中国情境为企业高管赋予较高权力。由于国际化速度衡量的是随时间发展国际化的变动比率，而基于深度、程度、范围三种维度的国际化速度从取值范围来看，除了在金融危机影响下2009年中国企业国际化程度有较大程度的降低之外，其均值全部大于0，这说明中国企业国际化的深度、程度以及范围从总体而言均在不断增加，体现了近年来中国企业举世瞩目的快速、激进、跳跃的国际化过程特征。从每年的具体取值来看，三种不同维度变量均有负值出现。这说明，尽管中国企业整体国际化势头迅猛，但也并非所有企业在所有阶段都是保持着渐进深化以及持续前进的行为模式序列，而是仍然存在着跳跃均衡、去国际化等现象（Benito and Welch，1997）。高管团队国际化风险注意力除了2010年、2011年略低之外，其他年份并未表现出明显的变化趋势，这与经济危机后海外市场规范程度和短期的国际化机会密切相关。从均值来看，企业业绩高于历史期望和行业期望的幅度均不高，年度变动也不明显。高管团队任务导向断裂带强度从均值来看范围为0.32~0.59，表明样本企业普遍存在较高程度的任务导向断裂带，这与中国文化和环境是密不可分的。

表5-4 研究变量均值和方差

指标	年份	样本量（家）	均值	标准差	最小值	最大值
高管权力	2008	253	0.37	0.19	0.00	1.00
	2009	253	0.41	0.20	0.00	1.00
	2010	253	0.45	0.20	0.00	1.00
	2011	253	0.48	0.21	0.00	1.00
	2012	253	0.47	0.21	0.00	1.00

续表

指标	年份	样本量（家）	均值	标准差	最小值	最大值
高管权力	2013	253	0.47	0.21	0.00	1.00
	2014	253	0.45	0.21	0.00	1.00
	2015	253	0.47	0.20	0.00	1.00
	总计	2024	0.45	0.20	0.00	1.00
基于深度的国际化速度	2008	244	0.03	0.30	−1.00	2.13
	2009	244	0.04	0.32	−1.00	2.50
	2010	239	0.06	0.49	−1.00	6.67
	2011	244	0.06	0.31	−1.00	2.00
	2012	241	0.04	0.26	−1.00	2.00
	2013	240	0.09	0.58	−1.00	5.00
	2014	244	0.08	0.41	−1.00	3.50
	2015	244	0.16	1.00	−1.00	14.00
	总计	1940	0.07	0.51	−1.00	14.00
基于程度的国际化速度	2008	239	0.16	1.03	−1.00	12.61
	2009	251	−0.04	1.11	−1.00	12.96
	2010	251	0.33	1.76	−1.00	22.41
	2011	252	0.29	2.69	−1.00	41.77
	2012	252	0.04	0.73	−1.00	6.91
	2013	252	0.17	1.59	−0.81	21.80
	2014	253	0.13	0.73	−1.00	8.31
	2015	251	0.05	0.67	−1.00	7.83
	总计	2001	0.14	1.45	−1.00	41.77
基于范围的国际化速度	2008	0				
	2009	244	0.03	0.31	−1.00	2.00
	2010	232	0.01	0.20	−1.00	2.00
	2011	241	0.03	0.21	−1.00	1.50
	2012	240	0.02	0.28	−1.00	2.00
	2013	238	0.05	0.39	−1.00	3.00
	2014	240	0.07	0.48	−1.00	5.00
	2015	243	0.13	0.70	−1.00	9.00
	总计	1678	0.05	0.41	−1.00	9.00

续表

指标	年份	样本量（家）	均值	标准差	最小值	最大值
TMT高管团队风险注意力	2008	250	0.16	0.07	0.00	0.48
	2009	250	0.14	0.06	0.00	0.46
	2010	249	0.11	0.06	0.01	0.33
	2011	253	0.12	0.06	0.00	0.28
	2012	252	0.17	0.08	0.02	0.51
	2013	253	0.17	0.08	0.00	0.62
	2014	253	0.16	0.08	0.01	0.54
	2015	249	0.19	0.10	0.00	0.60
	总计	2009	0.15	0.08	0.00	0.62
历史业绩反馈顺差	2008	253	0.04	0.14	0.00	2.13
	2009	253	0.02	0.03	0.00	0.14
	2010	253	0.02	0.03	0.00	0.21
	2011	253	0.02	0.06	0.00	0.75
	2012	253	0.01	0.02	0.00	0.16
	2013	253	0.01	0.05	0.00	0.48
	2014	253	0.01	0.03	0.00	0.23
	2015	253	0.01	0.03	0.00	0.33
	总计	2024	0.02	0.06	0.00	2.13
行业业绩反馈顺差	2008	252	0.04	0.13	0.00	1.97
	2009	252	0.02	0.03	0.00	0.21
	2010	252	0.02	0.03	0.00	0.18
	2011	252	0.02	0.03	0.00	0.18
	2012	252	0.02	0.03	0.00	0.14
	2013	252	0.01	0.03	0.00	0.26
	2014	252	0.01	0.03	0.00	0.17
	2015	252	0.01	0.03	0.00	0.29
	总计	2016	0.02	0.06	0.00	1.97

续表

指标	年份	样本量（家）	均值	标准差	最小值	最大值
TMT 任务导向断裂带强度	2008	184	0.52	0.22	0.04	0.99
	2009	177	0.59	0.20	0.00	0.99
	2010	171	0.58	0.21	0.11	0.94
	2011	187	0.58	0.21	0.01	0.94
	2012	199	0.41	0.23	0.01	0.99
	2013	208	0.34	0.23	0.03	0.98
	2014	208	0.32	0.22	0.02	0.98
	2015	211	0.35	0.23	0.02	0.94
	总计	1545	0.45	0.25	0.00	0.99
年份	总计	2024	3.50	2.29	0	7
产业		2024	21.28	8.51	0	40
国有股比例		2024	0.08	0.17	0	0.84
企业年龄		2024	5702	1760	862	13057
企业规模		2020	4.77	2.20	1.36	11.41
资源冗余		2024	0.52	0.23	0.04	2.99
国际化程度		2023	0.27	0.26	0	0.10
海外子公司数		1625	2.19	7.19	0	128

表 5-5 的相关系数矩阵给出了本书模型中变量之间的简单相关系数。相关系数矩阵为我们提供了检验模型多重共线性的重要方法。可以看出，除了基于产业和基于历史的业绩反馈存在较高相关性之外，其他所有控制变量、解释变量、调节变量、中介变量之间的相关系数均较低。由于两种类型的业绩反馈属于衡量同一变量的两个维度，而且并未同时出现在一个模型中，变量之间并不存在多重共线性问题，可以进行多元线性回归。在接下来的模型回归过程中，我们将对每个模型进行 VIF 值检验，以进一步确保模型不存在多重共线性问题。

表 5-5 相关系数矩阵

	1	2	3	4	5	6	7	8	9	10	11	12	13	14	15	16
1. Speed_depth	1															
2. Speed_degree	0.01	1														
3. Speed_scope	0.85*	-0.01	1													
4. Year	0.06*	-0.01	0.07*	1												
5. Industry	-0.01	-0.01	0.00	-0.01	1											
6. SST	-0.03	-0.02	-0.04	-0.30*	-0.03	1										
7. Firm_age	0.01	-0.01	0.02	0.48*	0.13*	-0.15*	1									
8. Firm_size	0.07*	-0.00	0.07*	0.03	-0.08*	0.04	-0.05*	1								
9. Slack	0.02	0.03	0.01	0.04	0.01	0.06*	0.17*	0.06*	1							
10. DOI	0.05*	-0.03	0.06*	-0.05*	0.06*	-0.10*	-0.06*	-0.08*	-0.19*	1						
11. Foreign_subsi	0.13*	-0.00	0.10*	0.09*	0.09*	-0.06*	-0.02	0.05	0.10*	0.10*	1					
12. Power	0.08*	0.03	0.08*	0.13*	0.01	-0.18*	0.01	0.12*	-0.07*	0.06*	0.12*	1				
13. PF_his>0	-0.00	0.04	0.00	-0.11*	-0.02	0.01	-0.04	0.01	0.04	0.01	0.01	-0.04*	1			
14. PF_ind>0	0.02	0.03	0.05*	-0.11*	-0.03	-0.02	-0.10*	0.05	-0.22*	0.03	0.00	0.10*	0.77*	1		
15. Tmtfaultline	-0.05	-0.01	-0.05	-0.38*	-0.00	0.06*	-0.17*	0.02	-0.01	0.08*	-0.03	-0.07*	0.09*	0.07*	1	
16. Riskattention	0.00	-0.06*	-0.00	0.20*	0.01	-0.03	0.11*	0.04	0.04*	0.06*	0.09*	-0.06*	-0.03	-0.05*	-0.08*	1

注：$N=2024$，*表示 $p<0.05$。

二、假设检验

本书模型涉及构念较多,且时间跨度较长,多元回归模型对于此类模型具有比较好的检验效果。由于所构建样本为面板数据,因此利用 Stata14.0 进行多元回归分析。在进行回归分析之前,本书将首先对各模型的 VIF 值进行单独计算,确保不存在多重共线性问题。除此之外,由于本书包含 253 家企业样本,数据的时间跨度为 2008~2015 年,属于短面板,因此并不需要进行单位根协整以及格兰杰检验。接下来,本书将通过 Hausman 检验为数据样本选择适当的回归模型以保证回归分析的准确性。VIF 值以及 Hausman 分析结果在每个模型结果中均予以报告。

(一) 直接效应检验

首先本书将进行的是高管权力对三个不同维度国际化速度的直接效应检验。前文中,H1a、H1b、H1c 分别提出高管权力强度对基于深度、程度以及广度的国际化速度具有正向影响。表 5-6 对高管权力对不同维度的国际化速度的影响效应进行汇报。模型 1、模型 3、模型 5 汇报的是所有控制变量对不同维度国际化速度的影响,模型 2、模型 4、模型 6 汇报的是在对相关因素进行控制之后,高管权力对不同维度国际化速度的直接效应。

各个模型的 VIF 值分别为 1.15、1.15、1.15、1.15、1.11、1.12,均远小于 10,说明模型变量之间并未存在多重共线性问题,可以进行多元线性回归。由 Hausman 检验可知,所有模型均拒绝原假设,选用固定效应模型 (FE) 进行估计。由模型 2 可知,高管权力强度与基于深度的国际化速度具有显著正相关关系 (模型 2, $\beta = 0.24$, $p < 0.1$),H1a 得以证明。由

模型4可知,高管权力强度与基于程度的国际化速度具有显著正相关关系(模型4,$\beta=0.74$,$p<0.05$),H1b得以证明。由模型6可知,高管权力强度与基于广度的国际化速度存在正相关关系,但并不显著,H1c并未得到证明。

表5-6 面板数据分析结果:高管权力强度与不同维度的国际化速度

	基于深度的国际化速度		基于程度的国际化速度		基于广度的国际化速度	
	模型1	模型2	模型3	模型4	模型5	模型6
$Year$	29.36 (1.39)	26.17 (1.24)	64.91 (1.11)	55.86 (0.96)	25.22 (1.42)	24.76 (1.39)
$Industry$	0.002 (0.27)	0.003 (0.31)	0.01 (0.23)	0.01 (0.25)	0.002 (0.27)	0.002 (0.28)
SST	0.12 (0.95)	0.16 (1.23)	-0.76* (-2.17)	-0.63 (-1.80)	0.08 (0.62)	0.09 (0.69)
$Firm\_size$	-0.08 (-1.39)	-0.07 (-1.24)	-0.18 (-1.11)	-0.15 (-0.96)	-0.07 (-1.42)	-0.07 (-1.39)
$Firm\_size$	0.31*** (4.35)	0.30*** (4.25)	0.00 (0.00)	-0.02 (-0.10)	0.21*** (3.40)	0.21*** (3.38)
$Slack$	0.09 (0.67)	0.09 (0.65)	0.31 (0.81)	0.30 (0.78)	0.10 (0.85)	0.10 (0.85)
DOI	-0.64*** (-4.03)	-0.64*** (-4.03)	2.08*** (4.85)	2.08*** (4.85)	-0.61*** (-4.33)	-0.61*** (-4.33)
$Foreign\_subsi$	0.05*** (8.48)	0.05*** (8.50)	-0.00 (-0.00)	0.00 (0.00)	0.03*** (6.89)	0.03*** (6.88)
$Power$		0.24† (1.90)		0.74* (2.14)		0.06 (0.56)
$\_cons$	359.21 (1.39)	319.96 (1.23)	792.1 (1.11)	681.4 (0.96)	308.55 (1.42)	302.80 (1.39)
F	15.52	14.23	3.97	4.05	11.99	10.69
R^2	0.086	0.088	0.022	0.026	0.079	0.080
N	1538	1538	1604	1604	1326	1326

续表

	基于深度的国际化速度		基于程度的国际化速度		基于广度的国际化速度	
	模型1	模型2	模型3	模型4	模型5	模型6
Hausman检验	p=0.00	p=0.00	p=0.00	p=0.00	p=0.00	p=0.00
	采用FE模型	采用FE模型	采用FE模型	采用FE模型	采用FE模型	采用FE模型
VIF	1.15	1.15	1.15	1.15	1.11	1.12

注：$N=2024$，*** 表示 $p<0.001$，* 表示 $p<0.05$，† 表示 $p<0.1$。
Hausman 检验：当 $p<0.05$ 时，表示拒绝原假设，采用固定效应模型；否则，采用随机效应模型。

（二）中介效应检验

本部分将对高管团队国际化风险注意力在高管权力与基于深度、程度、广度三个维度国际化速度之间的中介作用进行检验。由于本书选取的样本为面板数据，如果利用 SPSS 软件进行 Sobel 和 Bootstrap 检验，将无法体现面板数据的特征。因此本书选择中介效应的逐步法（Baron and Kenny，1986）进行检验。本书将依次检验自变量高管权力对被解释变量基于深度、程度以及广度的国际化速度的影响、自变量——高管权力对中介变量——TMT 国际化风险注意力的影响、中介变量——TMT 国际化风险注意力对被解释变量——基于深度、程度以及广度的国际化速度的影响以及同时加入解释变量和中介变量后，主效应与中介效应的变化。当主效应显著、解释变量对中介变量显著、中介变量对被解释变量显著且在同时加入解释变量和中介变量后中介变量的效应仍显著，表明中介作用成立。如果同时加入解释变量和中介变量后解释变量变得不再显著，则为完全中介作用，如果解释变量仍然显著，但系数降低，则为部分中介作用。表 5-7 中，模型 1 汇报的是高管权力对 TMT 国际化风险注意力的回归结果；模型 2、模型 5、模型 8 汇报的是 TMT 国际化风险注意力对基于深度、程度、广度三种维度的国际化速度的影响；模型 3、模型 6、模型 9 汇报的是高管权力对基于深度、程度、广度三种维度的国际化速度的影响；模型 4、模型

表 5-7 面板数据分析结果：TMT 国际化风险风险注意力在高管权力强度与不同维度的国际化速度之间的中介作用

模型 变量	风险注意力 模型1	基于深度的国际化速度 模型2	基于深度的国际化速度 模型3	基于深度的国际化速度 模型4	基于程度的国际化速度 模型5	基于程度的国际化速度 模型6	基于程度的国际化速度 模型7	基于广度的国际化速度 模型8	基于广度的国际化速度 模型9	基于广度的国际化速度 模型10
Year	-22.99*** (-10.22)	18.24 (0.83)	26.17 (1.24)	15.66 (0.71)	38.18 (0.63)	55.86 (0.96)	30.53 (0.50)	17.83 (0.97)	24.76 (1.39)	17.37 (0.95)
Industry	0.002 (1.51)	0.004 (0.36)	0.003 (0.31)	0.004 (0.39)	0.008 (0.27)	0.01 (0.25)	0.009 (0.29)	0.003 (0.32)	0.002 (0.28)	0.003 (0.33)
SST	0.05*** (3.75)	0.15 (1.15)	0.16 (1.23)	0.18 (1.39)	-0.70* (-1.99)	-0.63† (-1.80)	-0.59† (-1.66)	0.08 (0.66)	0.09 (0.69)	0.09 (0.74)
Firm_size	0.06*** (10.23)	-0.05 (-0.83)	-0.07 (-1.24)	-0.04 (-0.71)	-0.11 (-0.63)	-0.15 (-0.96)	-0.08 (-0.50)	-0.05 (-0.97)	-0.07 (-1.39)	-0.05 (-0.95)
Firm_size	-0.004 (-0.59)	0.31*** (4.35)	0.30*** (4.25)	0.30*** (4.27)	0.005 (0.03)	-0.02 (-0.10)	-0.01 (-0.06)	0.21*** (3.46)	0.21*** (3.38)	0.21*** (3.44)
Slack	0.001 (0.09)	0.10 (0.68)	0.09 (0.65)	0.09 (0.67)	0.33 (0.84)	0.30 (0.78)	0.32 (0.81)	0.10 (0.86)	0.10 (0.85)	0.10 (0.86)
DOI	0.02 (1.41)	-0.63*** (-3.96)	-0.64*** (-4.03)	-0.63*** (-3.96)	2.10*** (4.88)	2.08*** (4.85)	2.10*** (4.88)	-0.61*** (-4.31)	-0.61*** (-4.33)	-0.61*** (-4.31)
Foreign_subsi	0.00 (0.13)	0.05*** (8.61)	0.05*** (8.50)	0.05*** (8.62)	0.001 (0.04)	0.00 (0.00)	0.001 (0.04)	0.03*** (6.90)	0.03*** (6.88)	0.03*** (6.89)

续表

变量	风险注意力	基于深度的国际化速度			基于程度的国际化速度			基于广度的国际化速度		
模型	模型1	模型2	模型3	模型4	模型5	模型6	模型7	模型8	模型9	模型10
Power	-0.02† (-1.66)		0.24† (1.90)	0.23† (1.86)		0.74* (2.14)	0.74* (2.12)		0.06 (0.56)	0.08 (0.70)
Riskattention		-0.50* (-1.98)		-0.48† (-1.90)	-1.18† (-1.68)		-1.13† (-1.67)	-0.38† (-1.70)		-0.38† (-1.69)
_cons	-281.03*** (-10.21)	222.70 (0.82)	319.96 (1.23)	191.0 (0.71)	465.8 (0.63)	681.4 (0.96)	372.2 (0.50)	217.7 (0.97)	302.80 (1.39)	212.0 (0.94)
F	28.61	14.39	14.23	13.32	3.84	4.05	3.91	10.97	10.69	9.92
R^2	0.16	0.09	0.09	0.09	0.02	0.03	0.03	0.08	0.08	0.08
N	1612	1529	1538	1529	1594	1604	1594	1319	1326	1319
Hausman检验	p=0.00	p=0.00	p=0.00	p=0.00	p=0.00	p=0.00	p=0.00	p=0.00	p=0.00	p=0.00
	采用FE模型	采用FE模型	采用FE模型	采用FE模型	采用FE模型	采用FE模型	采用FE模型	采用FE模型	采用FE模型	采用FE模型
VIF	1.15	1.14	1.15	1.15	1.14	1.15	1.15	1.12	1.12	1.13

注：$N=2024$，*** 表示 $p<0.001$，* 表示 $p<0.05$，† 表示 $p<0.1$。
Hausman 检验：当 $p<0.05$ 时，表示拒绝原假设，采用固定效应模型；否则，采用随机效应模型。

7、模型10汇报的是加入中介变量TMT国际化风险注意力后，高管权力对基于深度、程度、广度的国际化速度的主效应发生的变化。

各个模型的VIF值分别为1.15、1.14、1.15、1.15、1.14、1.15、1.15、1.12、1.12、1.13，均远小于10，说明模型变量之间并未存在多重共线性问题，可以进行多元线性回归。由Hausman检验可知，所有模型均拒绝原假设，选用固定效应模型（FE）进行估计。

由模型1可知，高管权力强度与TMT国际化风险注意力具有显著负相关关系（模型1，$\beta = -0.02$，$p < 0.1$），即高管权力强度越高，高管团队对国际化风险越不关注。H2得以证明。由模型2可知，TMT国际化风险注意力与基于深度的国际化速度具有显著负相关关系（模型2，$\beta = -0.50$，$p < 0.05$），即当高管团队对国际化风险越不关注时，基于深度的国际化速度越快。H3a得以证明。由模型3和模型4可知，在加入中介变量之后，中介变量与基于深度的国际化速度的显著负相关关系仍然存在（模型4，$\beta = -0.48$，$p < 0.1$），高管权力与被解释变量的主效应的显著正相关关系也仍旧存在（$\beta = 0.23$，$p < 0.1$），但相关系数却下降了4.17%。部分中介作用成立。H4a得以证明。

由模型5可知，TMT国际化风险注意力与基于程度的国际化速度具有显著负相关关系（模型5，$\beta = -1.18$，$p < 0.1$），即当高管团队对国际化风险越不关注时，基于程度的国际化速度越快。H3b得以证明。由模型6和模型7可知，在加入中介变量之后，中介变量与基于程度的国际化速度的显著负相关关系仍然存在（模型7，$\beta = -1.13$，$p < 0.1$），高管权力与被解释变量的主效应的显著正相关关系也仍旧存在（模型7，$\beta = 0.74$，$p < 0.05$），但相关系数由0.7379下降为0.7377（由于表格格式需要，一律保留到小数点后两位）。部分中介作用成立。H4b得以证明。

由模型8可知，TMT国际化风险注意力与基于广度的国际化速度具有显著负相关关系（模型8，$\beta = -0.38$，$p < 0.1$），即当高管团队对国际化风险越不关注时，基于广度的国际化速度越快。H3c得以证明。由模型6可知，解释变量高管权力对基于广度的国际化速度的主效应并不显著。根

据温忠麟和叶宝娟（2014）的观点，当解释变量与被解释变量的主效应不显著时，仍然可以进行中介效应检验，因为有可能存在中介效应与直接效应方向相反或者存在多个方向不同的中介效应的可能性（温忠麟和叶宝娟，2014）。因此，本书遵循温忠麟和叶宝娟（2014）的做法：①检验解释变量对被解释变量的系数 c，若显著，按中介效应进行检验，若不显著，按遮掩效应进行检验。无论显著与否，都需进行下一步检验。②检验解释变量对中介变量的系数 a 以及中介变量对被解释变量的系数 b，如果两个系数均显著，则中介效应成立。否则应进行 Bootstrap 检验。③将解释变量和中介变量同时放入方程，如果解释变量对被解释变量不显著，则只存在中介效应，否则，直接效应与中介效应均显著。如图 5-1 所示。在基于广度的国际化速度模型中，解释变量对被解释变量的主效应不显著，因此按照遮掩效应进行检验。经检验，解释变量对中介变量显著，中介变量对被解释变量显著，这说明间接效应成立。在将解释变量和中介变量同时放入方程时，中介变量显著而解释变量仍然不显著，因此遮掩效应的中介效应成立。H4c 也得以证明。同时，这一结果还说明在主效应中还存在其他中介效应，有待进一步研究发现以及探讨。

（三）调节效应检验

本部分验证的是高管团队任务导向断裂带以及两种不同维度业绩反馈顺差对主效应的调节作用。根据调节作用的验证步骤，应首先将控制变量、解释变量和调节变量一起放入被解释变量的回归方程。为了避免多重共线性的影响，需要将解释变量和调节变量进行标准化，并将标准化的值相乘以构建两者交互项。其次将控制变量、解释变量、调节变量以及解释变量与调节变量的交互项一同放入回归方程。在主效应为正向效应的前提下，如果解释变量与调节变量的交互项对被解释变量的影响效应为正向且显著，表明调节变量对主效应具有正向调节作用；如果解释变量与调节变量的交互项对被解释变量的影响为负向且显著，则调节作用对主效应具有负向调节作用。如果解释变量与调节变量的交互项对被解释变量的影响不显

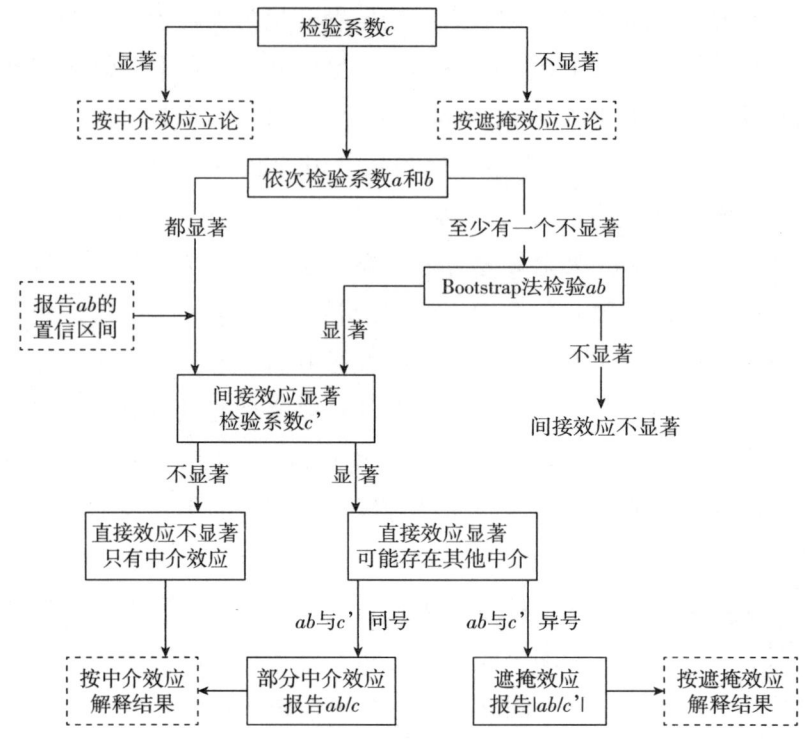

图 5-1　中介效应检验流程

资料来源：温忠麟和叶宝娟（2014）。

著，则调节作用不成立。

1. 基于深度的国际化速度模型中的调节效应

首先对以基于深度的国际化速度为被解释变量的调节效应进行考察。表 5-8 中，模型 1 汇报的是同时放入解释变量高管权力和调节变量高管团队任务导向断裂带强度后的回归结果；模型 2 汇报的是同时放入解释变量高管权力和调节变量历史业绩反馈顺差的回归结果；模型 3 汇报的是同时放入解释变量高管权力和调节变量行业业绩反馈顺差的回归结果；模型 4 汇报的是同时放入解释变量高管权力、调节变量高管团队任务导向断裂带以及高管权力与高管团队任务导向断裂带的交互项的回归结果；模型 5

汇报的是同时放入解释变量高管权力、调节变量历史业绩反馈顺差以及高管权力与历史业绩反馈顺差的交互项的回归结果；模型6汇报的是同时放入解释变量高管权力、调节变量行业业绩反馈顺差以及高管权力与行业业绩反馈顺差的交互项的回归结果。

表5-8 面板数据分析结果：任务导向断裂带与业绩反馈顺差对高管权力与基于深度的国际化速度之间关系的调节作用

变量	基于深度的国际化速度（Speed-depth）					
	模型1	模型2	模型3	模型4	模型5	模型6
$Year$	14.63	24.89	25.90	14.56	25.61	25.17
	-0.56	(1.18)	(1.23)	-0.55	(1.21)	(1.19)
$Industry$	0.00	0.00	0.00	0.00	0.00	0.00
	-0.19	(0.32)	(0.40)	-0.19	(0.31)	(0.36)
SST	0.218	0.144	0.146	0.217	0.139	0.145
	-1.40	(1.13)	(1.16)	-1.39	(1.09)	(1.14)
$Firm\_age$	-0.04	-0.07	-0.07	-0.04	-0.07	-0.07
	(-0.56)	(-1.18)	(-1.23)	(-0.55)	(-1.21)	(-1.19)
$Firm\_size$	0.47***	0.32***	0.31***	0.47***	0.32***	0.31***
	-5.29	(4.46)	(4.43)	-5.25	(4.57)	(4.36)
$Slack$	0.25	0.08	0.15	0.25	0.17	0.15
	-1.57	(0.57)	(1.08)	-1.55	(1.16)	(1.03)
DOI	-1.06***	-0.65***	-0.67***	-1.06***	-0.66***	-0.66***
	(-5.39)	(-4.09)	(-4.20)	(-5.39)	(-4.15)	(-4.15)
$Foreign\_subsi$	0.04***	0.05***	0.05***	0.04***	0.05***	0.05***
	-6.51	(8.53)	(8.51)	-6.48	(8.56)	(8.53)
$Power$	0.13	0.23†	0.22†	0.13	0.23†	0.22†
	-0.83	(1.87)	(1.74)	-0.82	(1.82)	(1.75)
$PF\_his>0$		0.78†			1.25**	
		(1.86)			(2.67)	

续表

变量	基于深度的国际化速度（Speed – depth）					
	模型1	模型2	模型3	模型4	模型5	模型6
$PF\_ind>0$			1.50 * (2.44)			1.37 * (2.15)
$TMTFaultline$	0.08 -0.84			0.08 -0.85		
$Power \times PF\_his>0$					0.05 * (2.20)	
$Power \times PF\_ind>0$						0.03 (0.83)
$Power \times TMTFaultline$				-0.00 (-0.19)		
$\_cons$	174.166 -0.55	304.12 (1.17)	316.46 (1.22)	173.35 -0.55	312.9 (1.21)	307.59 (1.19)
F	12.20	13.17	13.45	11.08	12.45	12.29
R^2	0.11	0.09	0.09	0.11	0.09	0.09
N	1175	1538	1538	1175	1538	1538
Hausman 检验	p = 0.00	p = 0.00	p = 0.00	p = 0.00	p = 0.00	p = 0.00
	采用FE模型	采用FE模型	采用FE模型	采用FE模型	采用FE模型	采用FE模型
VIF	1.19	1.14	1.17	1.18	1.22	1.18

注：$N=2024$，*** 表示 $p<0.001$，** 表示 $p<0.01$，* 表示 $p<0.05$，† 表示 $p<0.1$。
Hausman 检验：当 $p<0.05$ 时，表示拒绝原假设，采用固定效应模型；否则，采用随机效应模型。

各个模型的 VIF 值分别为 1.19、1.14、1.17、1.18、1.22、1.18，均远小于 10，说明模型变量之间并未存在多重共线性问题，可以进行多元线性回归。由 Hausman 检验可知，所有模型均拒绝原假设，选用固定效应模型（FE）进行估计。

由模型 1 可知，在同时放入解释变量高管权力和调节变量高管团队任务导向断裂带后，解释变量与调节变量对被解释变量均未出现显著的相关关系。由模型 2 可知，在同时放入解释变量高管权力和调节变量历史业绩反馈顺差后,解释变量(模型2,$\beta=0.23$,$p<0.1$)与调节变量(模型2,$\beta=0.78$,$p<0.1$)均呈现显著正相关关系,这表明历史业绩反馈顺差对基于深度的国际化速度具有正向影响。由模型3可知,在同时放入解释变量高管权力和调节变量行业业绩反馈顺差后,解释变量(模型3,$\beta=0.22$,$p<0.1$)与调节变量(模型3,$\beta=1.50$,$p<0.05$)均呈现显著正相关关系,这表明历史业绩反馈顺差对基于深度的国际化速度具有正向影响。

由模型4可知,在放入解释变量高管权力与调节变量高管团队任务导向断裂带的交互项后,交互项与被解释变量并未存在显著相关关系。也就是说,高管团队任务导向断裂带对基于深度的国际化速度的主效应的调节作用不显著。H5a未得以证明。由模型5可知,在放入解释变量高管权力与调节变量历史业绩反馈顺差的交互项后,交互项与被解释变量存在显著正相关关系(模型5,$\beta=0.05$,$p<0.05$)。也就是说,历史业绩反馈大于零的程度越高,高管权力与基于深度的国际化速度的正相关关系就会进一步加强。H6a-1得以证明。由模型6可知,在放入解释变量高管权力与调节变量行业业绩反馈顺差的交互项后,交互项与被解释变量并未存在显著相关关系,也就是说历史业绩反馈顺差对主效应的调节作用不显著。H6b-1未得以证明。

为更加直观地展示出历史业绩反馈顺差在高管权力与基于深度的国际化速度之间的调节效应,本书特绘制历史业绩反馈顺差在高管权力与基于深度的国际化速度之间的调节效应图(Cohen et al.,2000)。由图5-2可见,当历史业绩反馈顺差的程度越高,高管权力对基于深度的国际化速度的促进作用愈加明显;反之,则促进效用降低。

2. 基于程度的国际化速度模型中的调节效应

本部分将对以基于程度的国际化速度为被解释变量的调节效应进行考察。表5-9中,模型1汇报的是同时放入解释变量高管权力和调节变量高管团队任务导向断裂带强度后的回归结果;模型2汇报的是同时放入解释变量高管权力和调节变量历史业绩反馈顺差的回归结果;模型3汇报的是同时放入解释变量高管权力和调节变量行业业绩反馈顺差的回归结果;

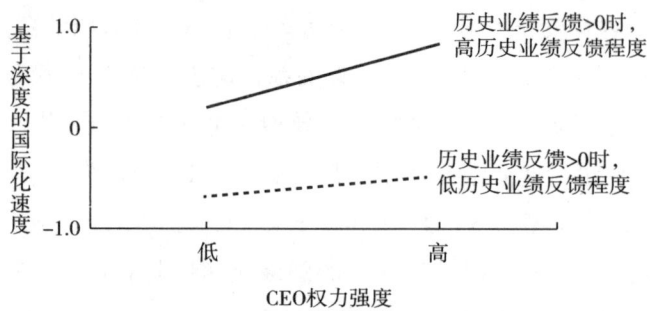

图 5-2 历史业绩反馈顺差对高管权力强度与基于深度的
国际化速度之间关系的调节作用

表 5-9 面板数据分析结果：任务导向断裂带与业绩反馈顺差对
高管权力与基于程度的国际化速度之间关系的调节作用

变量	基于程度的国际化速度（Speed-degree）					
	模型1	模型2	模型3	模型4	模型5	模型6
Year	96.38	54.08	56.15	95.87	53.97	53.81
	-1.25	(0.93)	(0.96)	-1.24	(0.92)	(0.92)
Industry	0.03	0.01	0.01	0.02	0.01	0.01
	-0.35	(0.25)	(0.23)	-0.34	(0.25)	(0.19)
SST	-0.75	-0.65†	-0.63†	-0.78†	-0.65†	-0.63†
	(-1.65)	(-1.84)	(-1.79)	(-1.71)	(-1.83)	(-1.80)
Firm_age	-0.26	-0.15	-0.15	-0.26	-0.15	-0.15
	(-1.25)	(-0.93)	(-0.96)	(-1.24)	(-0.92)	(-0.92)
Firm_size	-0.03	0.00	-0.02	-0.08	-0.00	-0.04
	(-0.12)	(0.00)	(-0.13)	(-0.30)	(-0.01)	(-0.18)
Slack	0.60	0.29	0.28	0.55	0.26	0.25
	-1.26	(0.74)	(0.70)	-1.16	(0.64)	(0.64)
DOI	2.05***	2.06***	2.09***	2.02***	2.07***	2.11***
	-3.63	(4.81)	(4.86)	-3.59	(4.81)	(4.90)
Foreign_subsi	0.00	0.00	-0.00	0.00	0.00	0.00
	0.00	(0.03)	(-0.00)	(-0.10)	(0.02)	(0.00)

续表

变量	基于程度的国际化速度（Speed – degree）					
	模型 1	模型 2	模型 3	模型 4	模型 5	模型 6
$Power$	0.92*	0.74*	0.74*	0.88*	0.74*	0.75*
	−2.04	(2.14)	(2.15)	−1.97	(2.14)	(2.16)
$PF\_his>0$		1.01			0.85	
		(0.87)			(0.65)	
$PF\_ind>0$			−0.64			−1.02
			(−0.37)			(−0.58)
$TMTFaultline$	−0.05			−0.03		
	(−0.19)			(−0.12)		
$Power \times PF\_his>0$					−0.02	
					(−0.27)	
$Power \times PF\_ind>0$						0.07
						(0.89)
$Power \times TMTFaultline$				−0.10†		
				(−1.71)		
$\_cons$	1152.87	659.57	684.9709	1147.03	658.31	656.46
	(−1.25)	(0.92)	(0.96)	(−1.24)	(0.92)	(0.92)
F	2.79	3.72	3.66	2.81	3.39	3.39
R^2	0.03	0.03	0.03	0.03	0.03	0.03
N	1225.00	1604	1604	1225.00	1604	1604
Hausman 检验	p = 0.00	p = 0.00	p = 0.00	p = 0.00	p = 0.00	p = 0.00
	采用 FE 模型	采用 FE 模型	采用 FE 模型	采用 FE 模型	采用 FE 模型	采用 FE 模型
VIF	1.20	1.14	1.17	1.18	1.22	1.18

注：$N=2024$，***表示 $p<0.001$，*表示 $p<0.05$，†表示 $p<0.1$。
Hausman 检验：当 $p<0.05$ 时，表示拒绝原假设，采用固定效应模型；否则，采用随机效应模型。

模型 4 汇报的是同时放入解释变量高管权力、调节变量高管团队任务导向断裂带以及高管权力与高管团队任务导向断裂带的交互项的回归结果；模型 5 汇报的是同时放入解释变量高管权力、调节变量历史业绩反馈顺差以及高管权力与历史业绩反馈顺差的交互项的回归结果；模型6汇报的是同时放入解释变量高管权力、调节变量行业业绩反馈顺差以及高管权力与行业业绩反馈顺差交互项的回归结果。

各个模型的VIF值分别为1.20、1.14、1.17、1.18、1.22、1.18，均远小于10，说明模型变量之间并未存在多重共线性问题，可以进行多元线性回归。由Hausman检验可知，所有模型均拒绝原假设，选用固定效应模型（FE）进行估计。

由模型1可知，在同时放入解释变量高管权力和调节变量高管团队任务导向断裂带后，解释变量与被解释变量之间呈现显著正相关关系（模型1，$\beta=0.92$，$p<0.05$），而调节变量却未表现出显著的相关关系，这表明高管团队任务导向断裂带对基于程度的国际化速度影响不显著。由模型2可知，在同时放入解释变量高管权力和调节变量历史业绩反馈顺差后，解释变量与被解释变量之间呈现显著正相关关系（模型2，$\beta=0.74$，$p<0.05$），而调节变量却未表现出显著的相关关系，这表明历史业绩反馈顺差对基于程度的国际化速度影响不显著。由模型3可知，在同时放入解释变量高管权力和调节变量行业业绩反馈顺差后，解释变量与被解释变量之间呈现显著正相关关系（模型3，$\beta=0.74$，$p<0.05$），而调节变量却未表现出显著的相关关系，这表明行业业绩反馈顺差对基于程度的国际化速度影响不显著。

由模型4可知，在放入解释变量高管权力与调节变量高管团队任务导向断裂带的交互项后，交互项与被解释变量存在显著负相关关系（模型4，$\beta=-0.10$，$p<0.1$）。也就是说，随着高管团队任务导向断裂带强度的提高，高管权力与基于程度的国际化速度的正相关关系会受到抑制。H5b得以证明。由模型5可知，在放入解释变量高管权力与调节变量历史业绩反馈顺差的交互项后，交互项对被解释变量并未存在显著相关关系。也就是说，历史业绩反馈大于零的程度对基于程度的国际化速度的主效应的调节作用不显著。H6a-2未得以证明。由模型6可知，在放入解释变量高管权力与调节变量行业业绩反馈顺差的交互项后，交互项与被解释变量并不

存在显著相关关系。也就是说，行业业绩反馈大于零的程度对基于程度的国际化速度的主效应的调节作用不显著。H6b-2未得以证明。

为更加直观地展示出高管团队任务导向断裂带在高管权力与基于程度的国际化速度之间的调节效应，本书特绘制高管团队任务导向断裂带在高管权力与基于程度的国际化速度之间的调节效应图（Cohen et al.，2000）。由图5-3可见，当高管团队任务导向断裂带强度越高，高管权力对基于程度的国际化速度的促进作用会明显减弱；反之，则其促进作用会增强。

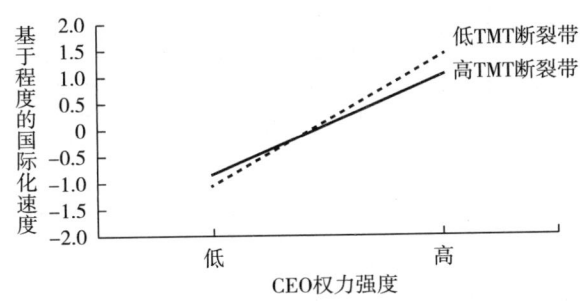

图5-3　TMT任务导向断裂带对高管权力强度与基于程度的国际化速度之间关系的调节作用

3. 基于广度的国际化速度模型中的调节效应

本部分将对以基于广度的国际化速度为被解释变量的调节效应进行考察。表5-10中，模型1汇报的是同时放入解释变量高管权力和调节变量高管团队任务导向断裂带强度后的回归结果；模型2汇报的是同时放入解释变量高管权力和调节变量历史业绩反馈顺差的回归结果；模型3汇报的是同时放入解释变量高管权力和调节变量行业业绩反馈顺差的回归结果；模型4汇报的是同时放入解释变量高管权力、调节变量高管团队任务导向断裂带以及高管权力与高管团队任务导向断裂带的交互项的回归结果；模型5汇报的是同时放入解释变量高管权力、调节变量历史业绩反馈顺差以及高管权力与历史业绩反馈顺差的交互项的回归结果；模型6汇报的是同时放入解释变量高管权力、调节变量行业业绩反馈顺差以及高管权力与行业业绩反馈顺差的交互项的回归结果。

表 5-10 面板数据分析结果：任务导向断裂带与业绩反馈顺差对高管权力与基于广度的国际化速度之间关系的调节作用

变量	基于广度的国际化速度（Speed-scope）					
	模型1	模型2	模型3	模型4	模型5	模型6
$Year$	17.35	23.16	21.22	17.50	22.34	20.70
	(0.77)	(1.30)	(1.19)	(0.78)	(1.25)	(1.16)
$Industry$	0.01	0.00	0.00	0.01	0.00	0.00
	(0.38)	(0.30)	(0.42)	(0.38)	(0.31)	(0.38)
SST	0.14	0.08	0.09	0.14	0.08	0.09
	(0.86)	(0.65)	(0.72)	(0.87)	(0.61)	(0.71)
$Firm\_age$	(0.05)	-0.06	-0.06	(0.05)	-0.06	-0.06
	(-0.77)	(-1.30)	(-1.19)	(-0.78)	(-1.25)	(-1.16)
$Firm\_size$	0.31***	0.22***	0.21***	0.31***	0.21***	0.21***
	(3.76)	(3.47)	(3.42)	(3.78)	(3.51)	(3.35)
$Slack$	0.20	0.09	0.15	0.21	0.17	0.14
	(1.43)	(0.75)	(1.21)	(1.45)	(1.34)	(1.17)
DOI	-0.88***	-0.61***	-0.62***	-0.88***	-0.61***	-0.61***
	(-4.89)	(-4.31)	(-4.40)	(-4.87)	(-4.35)	(-4.33)
$Foreign\_subsi$	0.03***	0.03***	0.03***	0.03***	0.03***	0.03***
	(5.13)	(6.90)	(6.92)	(5.13)	(6.92)	(6.94)
$Power$	0.05	0.06	0.04	0.05	0.06	0.04
	(0.34)	(0.55)	(0.37)	(0.36)	(0.52)	(0.40)

续表

变量	基于广度的国际化速度（Speed-scope）					
	模型1	模型2	模型3	模型4	模型5	模型6
$PF\_his > 0$		0.41 (1.05)			0.93* (2.03)	
$PF\_ind > 0$			1.58* (2.43)			1.31† (1.91)
$TMTFaultline$	0.11 (1.25)			0.11 (1.22)		
$Power \times PF\_his > 0$					0.04* (2.15)	
$Power \times PF\_ind > 0$						0.04 (1.25)
$Power \times TMTFaultline$				0.01 (0.34)		
$\_cons$	207.30 (0.76)	283.1 (1.29)	259.3 (1.19)	209.20 (0.77)	273.1 (1.25)	252.9 (1.16)
F	8.54	9.73	10.25	7.76	9.30	9.47
R^2	0.09	0.08	0.08	0.09	0.08	0.09
N	1083.00	1407	1407	1083.00	1407	1407
Hausman检验	p=0.00	p=0.00	p=0.00	p=0.00	p=0.00	p=0.00
	采用FE模型	采用FE模型	采用FE模型	采用FE模型	采用FE模型	采用FE模型
VIF	1.16	1.11	1.14	1.16	1.20	1.16

注：$N=2024$，*** 表示 $p<0.001$，* 表示 $p<0.05$，† 表示 $p<0.1$。
Hausman 检验：当 $p<0.05$ 时，表示拒绝原假设，采用固定效应模型；否则，采用随机效应模型。

各个模型的 VIF 值分别为 1.16、1.11、1.14、1.16、1.20、1.16，均

远小于10，说明模型变量之间并未存在多重共线性问题，可以进行多元线性回归。由 Hausman 检验可知，所有模型均拒绝原假设，选用固定效应模型（FE）进行估计。

由模型1可知，在同时放入解释变量高管权力和调节变量高管团队任务导向断裂带后，解释变量、调节变量与被解释变量之间均未呈现显著正相关关系，这表明高管团队任务导向断裂带对基于广度的国际化速度影响不显著。由模型2可知，在同时放入解释变量高管权力和调节变量历史业绩反馈顺差后，解释变量、调节变量与被解释变量之间均未呈现显著正相关关系，这表明历史业绩反馈顺差对基于广度的国际化速度影响不显著。由模型3可知，在同时放入解释变量高管权力和调节变量行业业绩反馈顺差后，调节变量与被解释变量之间呈现显著正相关关系（模型3，$\beta=1.58$，$p<0.05$），这表明行业业绩反馈顺差与基于广度的国际化速度具有显著正相关关系。

由模型4可知，在放入解释变量高管权力与调节变量高管团队任务导向断裂带的交互项后，交互项与被解释变量并未存在显著相关关系。也就是说，高管团队任务导向断裂带对基于广度的国际化速度的主效应的调节作用不显著。H5c 未得以证明。由模型5可知，在放入解释变量高管权力与调节变量历史业绩反馈顺差的交互项后，交互项与被解释变量存在显著正相关关系（模型5，$\beta=0.04$，$p<0.05$），也就是说，历史业绩反馈大于零的程度越高，高管权力与基于广度的国际化速度的正相关关系就会进一步加强。H6a-3 得以证明。由模型6可知，在放入解释变量高管权力与调节变量行业业绩反馈顺差的交互项后，交互项与被解释变量并未存在显著正相关关系。H6b-3 未得以证明。

为更加直观地展示出历史业绩反馈顺差在高管权力与基于广度的国际化速度之间的调节效应，本书特绘制历史业绩反馈顺差在高管权力与基于广度的国际化速度之间的调节效应图（Cohen et al.，2000）。由图5-4可见，当历史业绩反馈顺差的程度越高，高管权力对基于广度的国际化速度的促进作用会越显著，反之，则其促进作用会降低。

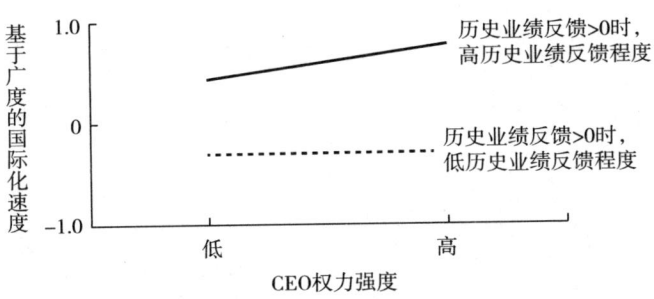

图 5-4 历史业绩反馈顺差对高管权力强度与基于广度的
国际化速度之间关系的调节作用

三、稳健性检验

为了进一步检验实证结果的可靠性,本书特对样本数据进行稳健性检验。由于选取样本时间跨度 $t(8\ 年)<$ 样本数量 $N(253\ 家)$,样本数据属于短面板,为了避免由于异方差情形导致标准差估计不准确的情况,本书借鉴 Lin(2014)的做法,采用 VCE 方法(Variance Covariance Estimator Regression Analyses)来对模型稳健性进行检验。表 5-11 汇报了使用稳健标准误对样本进行固定效应回归后的结果,检验结果与前文实证结果基本保持一致,表明模型是稳健的。

除此之外,将去除中国港澳台之后的海外子公司所在国家数量的变化率作为对基于广度的国际化速度的衡量指标,以进一步衡量模型结论的稳健性。结论维持不变。

表 5-11 稳健性检验：VCE

	(1) Speed_depth	(2) Speed_degree	(3) Speed_scope	(4) Risktakention	(5) Speed_depth	(6) Speed_degree	(7) Speed_scope	(8) Speed_depth	(9) Speed_degree	(10) Speed_scope	(11) Speed_depth	(12) Speed_depth	(13) Speed_depth	(14) Speed_degree	(15) Speed_degree	(16) Speed_degree	(17) Speed_scope	(18) Speed_scope	(19) Speed_scope
Year	26.17 (1.47)	55.86 (0.89)	24.76 (1.42)	0.01*** (5.99)	18.24 (0.92)	38.18 (0.61)	17.83 (0.96)	15.66 (0.78)	30.53 (0.51)	17.37 (0.93)	25.61 (1.43)	25.17 (1.40)	14.56 (0.71)	53.97 (0.87)	53.81 (0.89)	95.87 (1.04)	22.34 (1.26)	20.70 (1.18)	17.50 (0.90)
Industry	0.00 (0.90)	0.01 (0.52)	0.00 (0.91)	0.00 (0.39)	0.00 (1.14)	0.01 (0.54)	0.00 (1.08)	0.00 (1.25)	0.01 (0.61)	0.00 (1.14)	0.00 (0.88)	0.00 (0.92)	0.01 (0.42)	0.01 (0.54)	0.01 (0.40)	0.02 (0.48)	0.00 (1.03)	0.00 (1.22)	0.01 (0.73)
SST	0.16 (1.58)	-0.63 (-1.51)	0.09 (0.97)	0.05** (3.11)	0.15 (1.51)	-0.70 (-1.64)	0.081 (0.98)	0.18† (1.86)	-0.59 (-1.44)	0.09 (1.07)	0.14 (1.42)	0.15 (1.49)	0.22† (1.68)	-0.65 (-1.53)	-0.63 (-1.49)	-0.78 (-1.47)	0.08 (0.86)	0.09 (0.99)	0.14 (1.14)
Firm_age	-0.07 (-1.47)	-0.15 (-0.89)	-0.07 (-1.42)	0.00 (0.53)	-0.05 (-0.92)	-0.11 (-0.61)	-0.05 (-0.96)	-0.04 (-0.78)	-0.08 (-0.52)	-0.05 (-0.93)	-0.07 (-1.43)	-0.07 (-1.40)	-0.04 (-0.71)	-0.15 (-0.87)	-0.15 (-0.89)	-0.26 (-1.04)	-0.06 (-1.26)	-0.06 (-1.18)	-0.05 (-0.90)
Firm_size	0.30 (1.21)	-0.02 (-0.17)	0.21 (1.06)	0.00 (0.63)	0.31 (1.24)	0.00 (0.04)	0.21 (1.07)	0.30 (1.22)	-0.01 (-0.10)	0.21 (1.07)	0.32 (1.30)	0.31 (1.24)	0.47 (1.42)	-0.00 (-0.01)	-0.04 (-0.32)	-0.08 (-0.48)	0.22 (1.11)	0.21 (1.05)	0.31 (1.15)
Slack	0.09 (0.48)	0.30 (0.77)	0.10 (0.63)	0.01 (0.36)	0.10 (0.51)	0.33 (0.84)	0.10 (0.64)	0.09 (0.49)	0.32 (0.80)	0.10 (0.64)	0.17 (0.80)	0.15 (0.74)	0.25 (1.07)	0.26 (0.62)	0.25 (0.70)	0.55 (1.10)	0.17 (0.99)	0.14 (0.92)	0.21 (1.01)
DOI	-0.64 (-0.87)	2.08*** (5.10)	-0.61 (-1.08)	0.03† (1.88)	-0.63 (-0.85)	2.10*** (5.17)	-0.61 (-1.08)	-0.63 (-0.85)	2.10*** (5.12)	-0.61 (-1.08)	-0.66 (-0.89)	-0.66 (-0.89)	-1.06 (-1.11)	2.07*** (5.19)	2.11*** (5.00)	2.02*** (4.05)	-0.61 (-1.09)	-0.61 (-1.08)	-0.88 (-1.17)
Foreign_subsi	0.05 (1.59)	0.00 (0.01)	0.03 (1.54)	-0.00 (-0.39)	0.05 (1.60)	0.00 (0.09)	0.03 (1.53)	0.05 (1.60)	0.00 (0.10)	0.03 (1.53)	0.05 (1.61)	0.05 (1.60)	0.04 (1.42)	0.00 (0.06)	0.00 (0.00)	-0.00 (-0.25)	0.03 (1.54)	0.03 (1.55)	0.03 (1.43)
Power	0.24† (1.80)	0.74† (1.97)	0.06 (0.64)	-0.03* (-2.39)				0.23† (1.83)	0.74† (1.94)	0.08 (0.80)	0.23† (1.74)	0.22† (1.66)	0.13 (0.98)	0.74† (1.98)	0.75* (2.03)	0.88† (1.91)	0.06 (0.61)	0.04 (0.46)	0.05 (0.45)

续表

	(1)	(2)	(3)	(4)	(5)	(6)	(7)	(8)	(9)	(10)	(11)	(12)	(13)	(14)	(15)	(16)	(17)	(18)	(19)
	Speed_depth	Speed_degree	Speed_scope	Riskat-tention	Speed_depth	Speed_degree	Speed_scope	Speed_depth	Speed_degree	Speed_scope	Speed_depth	Speed_depth	Speed_depth	Speed_degree	Speed_degree	Speed_degree	Speed_scope	Speed_scope	Speed_scope
Riskat-tention					−0.50† (−1.73)	−1.18* (−2.26)	−0.38† (−1.86)	−0.48† (−1.71)	−1.13* (−2.21)	−0.38† (−1.85)									
PF_his											1.25† (1.74)	1.37† (1.95)		0.85 (0.74)			0.93 (1.32)		
PF_ind													0.08 (1.19)		−1.02 (−0.76)	−0.03 (−0.12)		1.31† (1.71)	0.11 (1.49)
TMTfa-ultline														−0.02 (−0.82)	0.07 (0.74)				
Power × PF_his											0.05† (1.71)	0.03 (0.57)					0.04† (1.73)		
Power × PF_ind													−0.00 (−0.22)					0.04 (1.07)	0.01 (0.40)
Power × TMTfa-ultline																−0.10† (−1.68)			
_cons	320.0 (1.46)	681.4 (0.89)	302.8 (1.42)	0.11*** (5.44)	222.7 (0.92)	465.8 (0.61)	217.7 (0.96)	191.0 (0.77)	372.2 (0.51)	212.0 (0.93)	312.9 (1.43)	307.6 (1.40)	173.4 (0.70)	658.3 (0.87)	656.5 (0.89)	1147.0 (1.04)	273.1 (1.26)	252.9 (1.18)	209.2 (0.90)
N	1538	1604	1326	1611	1529	1594	1319	1529	1594	1319	1538	1538	1175	1604	1604	1225	1326	1326	1020
F	1.90	4.38	0.91	67.92	1.77	4.40	1.25	1.88	4.07	1.15	1.85	1.79	2.18	3.91	3.68	2.68	0.94	1.14	0.79
R^2	0.09	0.03	0.08	0.09	0.09	0.02	0.08	0.09	0.03	0.08	0.09	0.09	0.11	0.03	0.03	0.03	0.08	0.09	0.09

注：*** 表示 $p < 0.001$，** 表示 $p < 0.01$，* 表示 $p < 0.05$，† 表示 $p < 0.1$。

四、研究假设检验结果

本书主要运用多元线性回归模型对假设进行验证，现将各实证回归结果进行汇报，如表5-12所示。

表5-12 假设验证结果汇总

假设编号	假设内容	实证结果
H1	高管权力与国际化速度正相关	
H1a	高管权力与基于深度的国际化速度正相关	支持
H1b	高管权力与基于程度的国际化速度正相关	支持
H1c	高管权力与基于广度的国际化速度正相关	不支持
H2	高管权力与高管团队国际化风险注意力负相关	支持
H3	高管团队国际化风险注意力与国际化速度负相关	
H3a	高管团队国际化风险注意力与基于深度的国际化速度负相关	支持
H3b	高管团队国际化风险注意力与基于程度的国际化速度负相关	支持
H3c	高管团队国际化风险注意力与基于广度的国际化速度负相关	支持
H4	高管团队国际化风险注意力是高管权力与国际化速度关系机制中的中介变量	
H4a	高管团队国际化风险注意力是高管权力与基于深度的国际化速度关系机制中的中介变量	支持
H4b	高管团队国际化风险注意力是高管权力与基于程度的国际化速度关系机制中的中介变量	支持
H4c	高管团队国际化风险注意力是高管权力与基于广度的国际化速度关系机制中的中介变量	支持
H5	高管团队任务导向断裂带强度负向调节高管权力与国际化速度之间的正相关关系	

续表

假设编号	假设内容	实证结果
H5a	高管团队任务导向断裂带强度负向调节高管权力与基于深度的国际化速度之间的正相关关系	不支持
H5b	高管团队任务导向断裂带强度负向调节高管权力与基于程度的国际化速度之间的正相关关系	支持
H5c	高管团队任务导向断裂带强度负向调节高管权力与基于广度的国际化速度之间的正相关关系	不支持
H6	高管权力与国际化速度之间的正相关关系受到了企业业绩反馈的调节	
H6a	当历史业绩高于期望时，历史业绩超过期望值越高，高管权力与国际化速度之间的正相关关系越强	
H6a-1	当历史业绩高于期望时，历史业绩超过期望值越高，高管权力与基于深度的国际化速度之间的正相关关系越强	支持
H6a-2	当历史业绩高于期望时，历史业绩超过期望值越高，高管权力与基于程度的国际化速度之间的正相关关系越强	不支持
H6a-3	当历史业绩高于期望时，历史业绩超过期望值越高，高管权力与基于广度的国际化速度之间的正相关关系越强	支持
H6b	当行业业绩高于期望时，行业业绩超过期望值越高，高管权力与国际化速度之间的正相关关系越强	
H6b-1	当行业业绩高于期望时，行业业绩超过期望值越高，高管权力与基于深度的国际化速度之间的正相关关系越强	不支持
H6b-2	当行业业绩高于期望时，行业业绩超过期望值越高，高管权力与基于程度的国际化速度之间的正相关关系越强	不支持
H6b-3	当行业业绩高于期望时，行业业绩超过期望值越高，高管权力与基于广度的国际化速度之间的正相关关系越强	不支持

五、结果讨论

本书基于2008~2015年中国上市国际化公司海外活动数据，从行为战略的视角对中国企业在基于不同侧面的海外扩张速度背后所隐藏的管理者心理及行为逻辑进行实证分析。现就实证结果进行如下讨论。

第一,高管权力对国际化速度的影响。本书根据国际化决策内容将国际化速度划分为基于深度的国际化速度、基于程度的国际化速度以及基于广度的国际化速度三个维度。实证结果表明,从直接影响来看,高管权力对基于深度和基于程度的国际化速度均具有正向促进作用,且结果非常稳健,但是对基于广度的国际化速度的直接影响并不显著。可能的原因是,尽管在进行国际化战略决策时,当企业高管拥有较高权力时,其行为趋近模式会被激发,从而造成其对国际化机会的把握持积极态度,忽略国际化风险选择,而且具有较高权力的管理者具有构建"商业帝国"的内在需求(Grinstein and Hribar,2004),但是,在国际化范围扩张方面,管理层决策会受企业国际化动机和整体战略目标的制约。作为跨国经营的"后来者",新兴跨国公司的国际化动机大多带有机会寻求与战略资产寻求的显著特点,其目的在于,在尽可能短的时间窗口内,以国际化为机会克服新进入者劣势,实现弯道超车式的跨越。2017年,中国企业国际化报告指出,从海外投资的区域分布看,中国企业海外投资相对集中,主要投资于欧洲、北美与亚太区域,而从对外投资单个国别来看,中国企业依然热衷对美投资。通过投资欧洲及北美企业,以提升中国企业知名度、深度参与全球产业链整合为主要投资动力。因此在整体战略目标的影响下,区域扩张速度会受到董事会及其他利益相关者更高程度的关注和监控,因此,基于广度的国际化速度并不会随高管权力的增加而显著增加。

第二,高管团队国际化风险注意力对高管权力与三个维度的国际化速度之间的关系均具有显著的中介效应。值得一提的是,该中介作用在高管权力与基于广度的国际化速度之间的关系中存在遮掩效应。尽管高管权力与基于广度的国际化速度之间的直接效应并不显著,但本书实证结果显示高管权力确实可以通过降低高管团队对国际化风险的注意力而在一定程度上增加国际化范围的扩张速度,但是高管权力与国际化范围扩张速度之间也同时存在其他的、相反的中介作用机制,比如,在单位时间内进入更的海外市场，市场之间的差异、各市场所面临的外来者劣势的差异以及同时兼顾不同新市场对管理者经验、精力和能力的高要求，这一系列挑战以及失败的风险可能会超出管理者损失临界点，而对其职位安全和个人声誉造成威胁。正如 Narayanan（1988）、Scharfstein 和 Stein（1990）、Noe 和 Rebello（1997）等学者论文中曾经指出的那样，在面对高度不确定性时，出于管理防御的目的和对个人声誉的考虑，高层管理者可能会在战略决策中出现风险规避倾向（Narayanan，1988；Scharfstein and Stein，1990；Noe and Rebello，1997）。高管权力与国际化范围扩张之间究竟存在怎样的复杂路径，并非本书研究内容，但却是未来一个很有意思的研究方向。

第三，高管团队任务导向断裂带会削弱高管权力强度对基于程度的国际化速度的正向作用，但对于基于深度和广度的国际化速度并无显著边界作用。由于基于程度的国际化速度代表的是企业销售承诺的增长速度，而基于深度和广度的国际化速度更多的是对中国企业对外直接投资数量和范围变动的一种体现。本书的研究结论表明，任务导向断裂带的作用机制比较复杂，其对主效应的边界作用也是存在边界的。前文曾经提过，对外直接投资的中国企业以并购为主要进入方式，其主要投资动力是提升中国企业知名度、深度参与全球产业链整合。换句话说，绝大多数中国企业对外直接投资都已经存在明确的目标设置。而有研究指出，当团队决策存在目标设置时，可以实现对各子群的子目标进行整合，并在此基础上形成团队的共同目标，降低子群体内外差异性认知，从而降低甚至消除团队断裂带的不利影响（Rico et al.，2012）。因此，相对于国际化销售承诺而言，对外直接投资决策的战略目的更为明确。在面对具有共同目标设置的对外直接投资数量和范围的扩张速度决策时，高管团队任务导向断裂带的作用就明显削弱了。

第四，历史业绩反馈顺差的程度会对高管权力强度对基于深度和广度的国际化速度的影响起显著正向调节作用，对高管权力与基于程度的国际化速度之间关系的边界作用不明显，这与 Lin（2014）的部分结论一致。结合前文所提到的，大多数中国企业现阶段的战略目的非常清楚，即机会寻求及战略资产获取，即使取得超过以往的组织绩效，管理者也要根据组织的整体战略目标进行资源分配。因此，由高管权力导致的国际化销售承诺的增长速度并不会受到明显影响。除此之外，行业业绩反馈顺差的调节作用均不成立。可能的原因是，行业业绩反馈体现的是企业通过跟同行业平均水平相比较以确定企业的绩效实现情况，也就是将组织绩效放入一个横向参照团体内进行比较（Cyert and March, 1963；Festinger, 1954）。本书所采取的数据是将目标企业绩效与同行业所有企业绩效中位值进行比较。问题是企业会选择哪些企业作为参照对象呢？同一行业内企业的规模、技术、战略均存在明显差异。通常来说，企业只会选择与自身实力旗鼓相当的企业作为参照对象，而非整个行业（Ref and Shapira, 2017）。比如说，行业领导者企业只要获得超过行业中位数的绩效结果，其战略就可以被认为是成功的吗？显然不是。因此，以全行业平均值或者中位数作为绩效参考点的做法无法体现真正的社会比较（Vidal and Mitchell, 2015；Moliterno and Wiersema, 2007）。但是，就目前来看，根据企业各维度特征在二手数据中获取相对适当的行业绩效参考点仍然是一件难以实现的事情，未来研究可以广泛采取问卷调查以及案例、扎根等质性研究方法对数据难题进行突破，从而深化业绩反馈理论的相关研究。

六、本章小结

本章内容主要是在根据理论模型选取适当变量，并对数据进行搜集与处理的基础上，对样本数据进行分类描述以及统计分析，在根据数据特征选取适当模型之后，运用多元线性回归对本书所提出假设进行验证。首先，对样本数据按照年龄、地区以及产业进行分类描述，初步检验样本的代表性以及准确性。在此基础上，对模型变量之间的基本统计量和简单相关关系进行分析，以确定其进行多元线性回归的可行性。其次，在对样本数据质量进行分析的基础上，运用多元线性回归模型对本书的直接效应、中介效应以及调节效应进行检验。实证结果表明，高管权力强度会促进基于程度和深度的国际化速度增加。高管团队国际化风险注意力是高管权力强度与三个维度的国际化速度之间的重要作用机制。除此之外，历史业绩反馈大于零的程度会正向促进高管权力强度对基于深度和广度的国际化速度的影响。而高管团队任务导向断裂带则会削弱高管权力强度对基于程度的国际化速度的正向作用。

第六章
研究结论及展望

基于前文理论探讨、假设提出以及实证分析的主要内容，本章将对全书研究主题及结论进行总结及概括。在此基础上，从实践角度提出本书的研究启示及政策性建议。最后，将详细地列举本书可能存在的不足，并对未来相关研究方向提出了进一步的展望。

一、研究结论

"一系列国际化事件在一个动态、历时过程中发生并展开的时间序列"构成企业国际化的动态过程。国际化速度是国际化动态过程的重要维度之一，能够对国际化战略与组织绩效之间的关系产生重要影响。行为战略理论提供了解释国际化动态过程的重要理论视角。作为国际化战略的塑造者和负责人，高层管理者及其团队的认知及行为特征是国际化决策的方向、目标及效率最直接也是最关键的决定力量。结合行为战略视角中管理层权力、注意力、团队断裂带以及业绩反馈等经典理论，从个体认知、群体冲突和组织情境三个层面构建了国际化速度的影响机制模型，解释了在中国特殊的制度和传统文化背景下，高管权力为什么以及如何促进激进式海外扩张之路，群体冲突和组织业绩情境又会如何对这一影响机制产生作用。以 2008~2015 年中国国际化上市公司作为研究样本，对上述模型进行实证分析之后，本书得出如下主要研究结论：

第一，高层管理者具有构建"企业帝国"的内在动机。在其任期范围内增加投资力度和规模是高层管理者增加自身收益、提高职业声誉、保证职位安全、增强与董事会谈判能力的常见手段之一。因此当管理者具备较高权力时，会倾向于在任期内大量快速进行国际化扩张。除此之外，权力会改变个体的心理认知。具有强权的高层管理者决策自由度更高，更容易被风险项目的巨大收益吸引，从而倾向于采取高风险决策行为。本书进一步验证了上述观点。高层管理者权力强度的增加会促进基于程度和深度的国际化速度增加。中国的特殊历史文化和制度情境造就了组织中高层管理者的权力相对较高，这可能是中国企业高速国际化扩张的微观原因之一。

第二，高管团队国际化风险注意力是高层管理者权力强度与各维度的国际化速度之间的重要作用机制。首先，高管拥有的权力越高，行为趋近系统越容易被激发，对企业的国际化扩张表现出积极态度，风险注意力降低；相反，高管拥有的权力越低，行为抑制系统越容易被激发，高管会极度关注国际化扩张风险。除此之外，中国传统文化给予高管较高的权力感知，从而对外界干扰会相对忽略，对投资驱动因素过度关注，并对战略选择具有更高程度的信息和控制感。因此，高层管理者权力强度会导致高管团队国际化风险注意力的降低。其次，高管团队在国际化风险上的注意力配置强度越高，其战略选择的风险承担水平越低，越倾向于风险性较低的行动方案，从而减少海外投资项目，降低企业国际化扩张速度；反之，高管团队在国际化风险上的注意力配置强度越低，其战略选择的风险承担水平越高，越倾向于风险性较高的行动方案，从而增加海外投资项目，促使企业国际化程度、广度、深度的快速增加。最后，权力首先会改变管理层认知，进而对国际化战略产生影响。也就是说，国际化风险注意力是高管权力对国际化速度产生作用的内部影响机制。

第三，高管团队任务导向断裂带会削弱高管权力强度对基于程度的国际化速度的正相关作用。随着高管团队任务导向断裂带强度的增加，高管团队内部决策过程会出现信息共享不完全、团队冲突以及风险规避的系列问题，从而减弱高管权力与国际化速度之间的正相关关系。也就是说，随着高管团队任务导向断裂带强度增高，高管权力与国际化速度之间的正相关关系会减弱；随着高管团队任务导向断裂带强度降低，高管权力与国际化速度之间的正相关关系会增强。

第四，历史业绩反馈顺差的程度会对高管权力强度与基于深度和广度的国际化速度的影响起显著正向调节作用。首先，历史业绩表现优秀的企业高管团队更加容易表现出过度自信的倾向，而且，由于损失厌恶心理存在，实现组织业绩持续性上升难度增加，损失可能性增加，高管会更加倾向于制定风险性海外投资战略。除此之外，历史业绩顺差为高管行为提供合法性，并在资源方面给予保证，这对于高管团队制定快速国际化战略创造了重要的条件。

二、研究启示

近年来，中国企业海外扩张呈现明显的加速及跳跃倾向，引起理论界及实践界的普遍关注。在中国政府与国内制度环境的驱动下，大量中国企业倾向于快速地采用海外直接投资作为基本的海外市场进入模式，在快速获取战略资产和海外机会的同时，中国企业面临着国际化战略资源及管理能力极度缺乏所带来的巨大压力，这是中国企业近些年来国际化扩张的突出特征（Deng and Yang，2015）。除了外部驱动因素之外，中国企业国际化战略的决策者认知及行为才是决定企业国际化速度的最直接力量。本书以中国企业上市公司为研究对象，从行为战略视角出发，以高层管理者和高层管理团队为切入点,对中国企业的国际化扩张速度进行微观层次的理论解释和实证检验,其结果对企业实践具有诸多启示。

第一,高层管理者权力是一把双刃剑。不同的组织环境下,权力会对组织效率产生截然不同的影响。委托代理理论长期存在"拥有权力的高管会表现出较高程度的风险规避"的假设(Jensen and Meckling,1976),而优化治理结构,建立激励机制的主要目的是提升高管的风险承担水平,从而保证企业的长期利益。但后来理论界和实践界发现,具有较高权力的管理者在一定情境下反而会表现出风险偏好的特征(Sanders and Hambrick,2007)。本书以国际化战略为研究背景,通过实证分析发现,具备较高权力的高层管理者会在主观上自动忽略国际化风险,从而造成国际化速度的大幅度提高。也就是说,在制定国际化战略这一问题上,权力会改变管理者认知,从而对国际化战略制定造成影响。

改革开放以来,我国经历了放权让利、政企分开、两权分离、抓大放小以及建立现代企业制度等一系列改革,在降低政府干预、提升企业活力的同时,高管所拥有的经营自主权也在增大,高管权力逐渐膨胀。根据研究结果,高管权力会造成一定程度的非理性决策,从而造成国际化扩张速度过快。快速国际化可能会为中国企业获取部分先行优势(Knight and Cavusgil,2004),不过作为国际化的后来者和追赶者,先行优势的获取将十分有限。同时由于组织学习存在时间压缩不经济性(Dierickx and Cool,1994),快速国际化往往易导致企业绩效受损(Vermeulen and Barkema,2002;Wagner,2004)。尤其是高管在非理性状态下所作出的快速国际化战略,将给企业带来巨大的风险。

本书认为,要真正对高管权力加以制衡和监督,必须从宏观和微观两个层面同时着手。宏观层面,国家应努力建立健全法律法规建设,加快市场化建设力度,加大对权力滥用的惩罚力度,提升法律执行效率,真正构成对企业高管的监督力和震慑力;微观层面,对高管权力配置应充分权衡,建立完善的内部治理机制,加大股权多元化力度,增加信息环境透明度,及时有效识别高管权力不当行为,降低高管权力带来的非理性因素对企业绩效的负面影响。

第二，本书最重要的管理启示在于通过强调管理者认知和管理团队内部冲突对国际化进程的影响，提醒试图进行国际化扩张的企业，在制定国际化战略时，需要考虑管理者的认知行为以及管理团队的内部结构。高管团队对企业国际化战略决策的制定发挥着至关重要的作用。除了高管权力会通过改变高管团队风险认知改变国际化战略之外，本书强调在国际化战略制定过程中高管团队内部冲突和结构的重要性。一般认为，高管团队断裂带对团队及组织绩效有负面影响（Lau and Murnighan，1998；Earley and Mosakowski，2000；Li and Hambrick，2005；Sawyer et al.，2006）。也有部分学者认为团队断裂带对创新和组织学习有积极作用，能够促进信息和观点的整合，从而提升团队决策质量（Gibson and Vermeulen，2003）。本书的研究结果表明，团队断裂带对组织和团队绩效的影响是复杂、多层次的，不能单纯地用正面、负面这样简单的判断来进行描述，需要结合企业中真实的决策来加以综合判断。以本书结果为例，尽管任务导向断裂带为高管团队内部决策带来了信息共享不完全、团队冲突以及风险规避的系列问题，但是对高管在非理性状态下所做出的快速国际化战略却起到了削弱的作用，降低了企业面临过度风险的可能性。在一个高管权力非常集中的企业内部，设置强度较高的高管团队任务导向断裂带反而可能是制约强权的重要手段之一。除此之外，本书研究还表明，断裂带的调节作用只在权力与基于程度的国际化扩张速度之间的关系中才显著。这说明，针对不同的决策内容，高管团队断裂带所起的作用是存在差异的。实践界在考虑断裂带可能对组织决策造成的影响时，应结合企业在未来一段时间内的战略方向和主要任务综合判断。断裂带能够发生作用的边界问题，也将是未来一个很重要的理论问题。

中国企业的国际化实践正处在一个重要的转换阶段，如联想、华为、海尔等一批走在国际化实践前列的中国企业，其第一代领导人如柳传志、任正非、张瑞敏等，在企业国际化战略决策过程中都发挥着巨大的作用与影响力，但在未来的 5 年中他们都处在即将彻底退休的关键阶段。因此，

第六章 研究结论及展望

CEO/TMT的变更以及高层管理团队构成的变化,必将给下一阶段中国企业国际化战略行为以及国际化进程带来重要影响。

第三,业绩反馈主流观点认为当实际业绩高于组织期望时,绩效结果会被认为是组织成功或者获益的状态,在这种状态下,改变战略行为可能意味着损失,因此当出现组织业绩顺差时,组织行为会产生很大的惯性,风险容忍度会降低,即使某些战略调整可能为组织带来高绩效,决策制定者也会尽可能避免风险性的战略变动(贺小刚,2013)。但是,也有学者从管理者认知偏差角度对上述观点提出质疑。他们认为,在损失规避、赌资效应以及管理者自负等认知偏差因素的影响下,随着企业期望顺差的不断增大,企业反而会增加风险性行为(徐小琴等,2016;Hill et al.,1992)。本书的研究支持第二种观点。历史业绩顺差的持续增加,未来获取同样业绩的难度持续增加,都将对高层管理者的认知行为产生冲击。为了实现未来的业绩期望,管理者可能会采取更加极端的战略选择。

明晰的战略规划和有效的公司治理始终是弥补管理者因认知偏差做出错误决策的最关键机制。对企业国际化进程建立完善清晰的战略规划是规范高层管理者制定国际化战略的首要约束。在此基础上,应构建股东与管理者之间的利益协同,加强董事会对管理者行为的监督,防止管理者在绩效期望较高情况下因认知偏差而损害企业长期利益。除此之外,管理者应该充分认识到在制定战略决策时自身是存在有限理性的,对自身局限性有清醒的认识,有助于降低这些认知偏差。比如说,当历史业绩高于期望水平时,管理者在自负情绪以及损失规避等认知偏差的影响下,会进一步促进国际化的高速扩张。因此,如果管理者能意识到期望差距对其自身可能存在的影响,就可以更加客观地看待历史业绩,并根据组织实际情况制定出符合组织需要的战略,将地理范围扩张和海外子公司建设的速度控制在合理的范围内。因此,管理者认知教育具有非常重要的意义。

三、研究局限及未来展望

第一,无论组织是否存在路径依赖或者存在利润增长(Teece,1997),处于不同成长阶段的企业所适用的战略都不相同(Chandler,1977)。正处于制度变迁阶段的中国企业的国际化战略选择,以及在这种特定情境和历史条件的共同作用下,中国企业管理者在进行国际化决策时所产生的特殊心理及行为逻辑是国际化战略理论和行为战略理论的重要补充。但是,由于时间及数据可得性限制,本书所采用的数据时间跨度为2008~2015年,相对于国际化过程而言,这是一个相对较短的时间跨度,难以刻画出后进企业国际化扩张的完整路径,也无法体现在企业的不同成长时期国际化速度的差异以及管理者决策逻辑的差异。如果后续研究能够对这一问题持续追踪下去,比如收集到20~30年的数据,并在此基础上对以中国为代表的新兴国家跳跃和经济发展加速国际化的完整过程进行分析,我们相信就能够对更多更丰富的中国企业国际化动态成长机制进行描述及解释,并借此为国际化战略管理理论做出更多更有价值的贡献。

第二,经典国际化理论认为企业国际化扩张应该是一种渐进、递增、线性的动态过程(Johanson and Vahlne,1977)。实际上,现实中企业的国际化进程是极为复杂的。比如说,整体国际化速度较快的企业也可能在某个阶段降低其国际化速度,甚至去国际化(Kuivalainen,Sundqvist and Saarenketo,2007)。国际化进入模式也会伴随外界环境或者管理层的变动而出现前所未有的变动。规律的国际化扩张背后可能是始终快速地在制度距离较近的国家或地区投资,也可能是始终慢速地在制度距离较远的国家或地区投资。部分企业的国际化战略可能是迅速占据发达国家市场,部分企业的国际化战略可能是迅速占据新兴经济体市场,还有些企业可能是在

第六章 研究结论及展望

发达国家或者新兴经济体同时展开国际化扩张。这些复杂动态特征很难使用大样本的二手数据来加以衡量和刻画。因此,案例、扎根理论、事件分析等质性研究方法应该成为探讨这一问题的重要研究工具,以弥补"二手"数据研究的不足。

第三,国际化速度研究刚刚起步,对国际化速度的概念定义以及测量方法在理论界并未获得一致性意见。为了更好地表现国际化速度的不同侧面,本书选择基于程度、深度以及广度的国际化速度作为被解释变量。尽管这种划分能够更加全面地反映国际化战略不同维度变动速度的特点,但是这三个维度的国际化速度均属于国际化后速度,对国际新创企业、天生国际化企业的国际化速度刻画能力相对有限。截至目前,已经有学者开始关注于国际化进入速度与国际化后速度之间的内在联系(Hilmersson et al.,2017),并且学术界也发出构建国际化速度全过程模型的号召(王益民、梁枢和赵志彬,2017)。本书认为,将国际化进入速度与国际化进入后速度纳入一个完整的国际化速度理论框架将是未来研究的重要方向之一。

第四,国际战略领域研究长期忽略国际化过程的动态、复杂、多维特征。尽管国际化动态过程研究已经逐渐获得理论界重视,但到目前为止,理论界刻画企业国际化动态过程的维度主要包括速度、节奏、范围三个方面,速度是指国际化战略各维度随时间发展的变动早晚或者快慢;节奏是指国际化战略维度随时间发展的不规律程度;而范围是指国际化扩张所涉及的地理位置数量。除此之外,国际化进入模式的动态发展过程也应该是刻画国际化过程的重要指标之一。但限于篇幅及研究主题的聚焦性,本书并未涉及对国际化节奏及国际化范围的理论探讨。未来研究应尝试从更多的层面和维度构建一个完整系统的国际化动态过程模型,从而进一步丰富及深化中国企业国际化战略的动态研究。

第五,本书基于行为战略视角,构建一个包含个体特征、群体冲突以及组织情境在内的理论模型,并尝试响应部分学者的号召,通过一个共同的战略管理研究问题将行为战略视角下的还原论和多元论两种理论范式的部分理论进行融合。但是，本书能够做到的也仅仅是将这两种理论范式的基本假设以及经典理论结合起来对国际化战略决策行为进行解释，并未做到对不同理论范式的研究方法进行互相借鉴和彼此融合。在未来的研究中，可以进行更深层次的融合，从人性心理和行为角度给予战略管理一个最真实的理论假设。

第六，由于时间和能力限制，本书仅仅研究了业绩反馈的单一维度——业绩反馈顺差对高管权力和国际化速度之间关系的调节机制。今后研究可以尝试扩展到业绩反馈顺差和业绩反馈逆差两个维度，并且进一步探讨两个不同维度的交互作用对这一作用机制的边界作用，这对于深入理解组织情境对国际化决策的影响具有重要意义。

参考文献

[1] Acedo F J, Casillas J C. Age at entry in international markets of Spanish SMEs [J]. International Journal of Entrepreneurial Behavior and Research, 2007, 41 (3): 130 – 150.

[2] Acedo F, Jones M. Speed of internationalization and entrepreneurial cognition: Insights and a comparison between international new ventures, exporters and domestic firms [J]. Journal of World Business, 2007, 42 (3): 236 – 252.

[3] Anderson C, Galinsky A D. Power, optimism, and risk – taking [J]. European Journal of Social Psychology, 2010, 36 (4): 511 – 536.

[4] Armstrong C E, Shimizu K. A review of approaches to empirical research on the resource – based view of the firm [J]. Journal of Management Official Journal of the Southern Management Association, 2007, 33 (6): 959 – 986.

[5] Audia P G, Locke E A, Smith K G. The paradox of success: An archival and a laboratory study of strategic persistence following radical environmental change [J]. Academy of Management Journal, 2000, 43 (5): 837 – 853.

[6] Autio E, Sapienza H J, Almeida J G. Effects of age at entry, knowledge intensity, and imitability on international growth [J]. Academy of Management Journal, 2000, 43 (5): 909 – 924.

[7] Bain J S. Industrial organization [M]. New York: Wiley, 1959.

[8] Barkema H G, Shvyrkov O. Does top management team diversity promote or hamper foreign expansion? [J]. Strategic Management Journal, 2007, 28 (7): 663 – 680.

[9] Baron R M, Kenny D A. The moderator – mediator variable distinction in social psychological research: Conceptual, strategic, and statistical considerations [J]. Journal of personality and social psychology, 1986, 51 (6): 1173.

[10] Baum J A, Dahlin K B. Aspiration performance and railroads' patterns of learning from train wrecks and crashes [J]. Organization Science, 2007, 18 (3): 368 – 385.

[11] Bebchuk L A, Fried J M, Walker D I. Managerial power and rent extraction in the design of executive compensation [J]. University of Chicago Law Review, 2002, 69 (3): 751 – 846.

[12] Bebchuk L A, Fried J M. Executive compensation as an agency problem [J]. Cepr Discussion Papers, 2003, 17 (3): 71 – 92.

[13] Bebchuk L A, Fried J M. Pay without performance [J]. Business Ethics Quarterly, 2004, 20 (3): 5 – 24.

[14] Bebchuk L A, Stole L A. Do short – term objectives lead to under – or overinvestment in long – term projects? [J]. The Journal of Finance, 1993, 48 (2): 719 – 729.

[15] Bezrukova K, Spell C S, Caldwell D, et al. A multilevel perspective on faultlines: Differentiating the effects between group – and organizational – level faultlines [J]. Journal of Applied Psychology, 2016, 101 (1): 86.

[16] Blau P M. Inequality and heterogeneity: A primitive theory of social structure [M]. New York: Free Press, 1977.

[17] Bonaccorsi A. On the relationship between firm size and export intensity [J]. Journal of International Business Studies, 1992, 23 (4): 605 – 635.

[18] Bouquet C, Morrison A, Birkinshaw J. International attention and multinational enterprise performance [J]. Journal of International Business Stud-

ies, 2009, 40 (1): 108 – 131.

[19] Bourgeois L J, Singh J V. Organizational slack and political behavior among top management teams [J]. Academy of Management Annual Meeting Proceedings, 1983 (1): 43 – 47.

[20] Brockmann E N, Anthony W P. The influence of tacit knowledge and collective mind on strategic planning [J]. Journal of Managerial Issues, 1998, 10 (2): 204 – 222.

[21] Bromiley P. Testing a causal model of corporate risk taking and performance [J]. Academy of Management Journal, 1991, 34 (1): 37 – 59.

[22] Byrne D, Clore G L, Worchel P. Effect of economic similarity – dissimilarity on interpersonal attraction [J]. Journal of Personality and Social Psychology, 1966, 4 (2): 220 – 224.

[23] Carpenter M A, Fredrickson J W. Top management teams, global strategic posture, and the moderating role of uncertainty [J]. Academy of Management Journal, 2001, 44 (3): 533 – 545.

[24] Casillas J C, Moreno – Menéndez A M. Speed of the internationalization process: The role of diversity and depth in experiential learning [J]. Journal of International Business Studies, 2014, 45 (1): 85 – 101.

[25] Casillas J, Acedo F. Speed in the internationalization process of the firm [J]. International Journal of Management Reviews, 2013, 15 (1): 15 – 29.

[26] Chandler Jr, Alfred D. The visible hand: The managerial revolution in American business [M]. Cambridge: The Belknap Press of Harvard University Press, 1977.

[27] Chang S J, Rhee J H. Rapid FDI expansion and firm performance [J]. Journal of International Business Studies, 2011, 42 (8): 979 – 994.

[28] Chen C I, Yeh C H. Re – examining location antecedents and pace of foreign direct investment: Evidence from Taiwanese investments in China [J]. Journal of Business Research, 2012, 65 (8): 1171 – 1178.

[29] Chen S, Liao Z, Zhao X. Corporate philanthropy and corporate financial performance [J]. Academy of Management Annual Meeting Proceedings, 2013 (1): 12768.

[30] Chen W R, Miller K D. Situational and institutional determinants of Firms' R&Dsearch intensity [J]. Strategic Management Journal, 2007, 28 (4): 369-381.

[31] Chen W R. Determinants of firms' backward and forward - looking R&D search behavior [J]. Organization Science, 2008, 19 (4): 609-622.

[32] Chetty S, Campbell - Hunt C. A strategic approach to internationalization: A traditional versus a "Born - Global" approach [J]. Journal of International Marketing, 2004, 12 (1): 57-81.

[33] Chetty S, Johanson M, Martín O. Speed of internationalization: Conceptualization, measurement and validation [J]. Journal of World Business, 2014, 49 (4): 633-650.

[34] Child J, Rodrigues S B. The internationalization of Chinese firms: A case for theoretical extension? [J]. Management and Organization Review, 2005, 1 (3): 381-410.

[35] Chintrakarn P, Jiraporn P, Tong S. How do powerful CEOs view corporate risk - taking? Evidence from the CEO Pay Slice (CPS) [J]. Applied Economics Letters, 2015: 22 (2): 104-109.

[36] Cho T S, Hambrick D C. Attention as the mediator between top management team characteristics and strategic change: The case of airline deregulation [J]. Organization Science, 2006, 17 (4): 453-469.

[37] Coeurderoy R, Murray G. Regulatory environments and the location decision: Evidence from the early foreign market entries of new - technology - based Firms [J]. Journal of International Business Studies, 2008, 39 (4): 670-687.

[38] Cohen M A, Eliasberg J, Ho T H. New product development: The

performance and time – to – market tradeoff [J]. Management Science, 1996, 42 (12): 1753 – 1755.

[39] Cooper D, Patel P C, Thatcher S M B. It depends: Environmental context and the effects of faultlines on Top Management Team Performance [J]. Organization Science, 2013, 25 (2): 633 – 652.

[40] Covin J G, Slevin D P. A conceptual model of entrepreneurship as firm behavior [J]. Social Science Electronic Publishing, 1991, 16 (1): 7 – 26.

[41] Cyert R, March J. The Behavioral theory of the firm [M]. Englewood Cliffs, NJ: Prentice – Hall, 1963: 93 – 107.

[42] Daft R L, Weick K E. Toward a model of organizations as interpretation systems [J]. Academy of Management Review, 1984, 9 (2): 284 – 295.

[43] Daniel K D, Hirshleifer D, Subrahmanyam A. Overconfidence, arbitrage, and equilibrium asset pricing [J]. The Journal of Finance, 2001, 56 (3): 921 – 965.

[44] Deephouse D L, Carter S M. An examination of differences between organizational legitimacy and organizational reputation [J]. Journal of Management Studies, 2005, 42 (2): 329 – 360.

[45] Deng P, Yang M. Cross – border mergers and acquisitions by emerging market firms: A comparative investigation [J]. International Business Review, 2015, 24 (1): 157 – 172.

[46] Deng P. Accelerated internationalization by MNCs from emerging economies: Determinants and implications [J]. Organizational Dynamics, 2012, 41 (4): 318 – 326.

[47] Dess G G, Ireland R D, Zahara S A, et al. Emerging issues in corporate entrepreneurship [J]. Journal of Management, 2003, 29 (3): 351 – 378.

[48] Dhanaraj C, Beamish P W. A resource – based approach to the study of export performance [J]. Journal of Small Business Management, 2003, 41

(3): 242 - 261.

[49] Dierickx I, Cool K. Competitive strategy, asset accumulation and firm performance [M] //Strategic groups, strategic moves and performance. Oxford, UK: Pergamon, 1994.

[50] Dijke M V, Poppe M. Social comparison of power: Interpersonal versus intergroup effects [J]. Group Dynamics Theory Research and Practice, 2004, 8 (1): 13 - 26.

[51] Dow D. Developing a multidimensional instrument to measure psychic distance stimuli [J]. Journal of International Business Studies, 2006, 37 (5): 578 - 602.

[52] Dunbar N E, Abra G. Observations of dyadic power in interpersonal interaction [J]. Communication Monographs, 2010, 77 (4): 657 - 684.

[53] Dunning J H. Location and multinational enterprise: A neglected factor? [J]. Journal of International Business Studies, 1998, 29 (1): 45 - 66.

[54] Dutta D, Malhotra S, Zhu P. Internationalization process, impact of slack resources, and role of the CEO: The duality of structure and agency in evolution of cross - border acquisition decisions [J]. Journal of World Business, 2016, 51 (2): 212 - 225.

[55] Dyck B, Starke F A. The formation of breakaway organizations: Observations and a process model [J]. Administrative Science Quarterly, 1999, 44 (4): 792 - 822.

[56] Earley P C. Creating hybrid team cultures: An empirical test of transnational team functioning [J]. Academy of Management Journal, 2000, 43 (1): 26 - 49.

[57] Eden, L. Taxes, transfer pricing, and the multinational enterprise [M]. Oxford Handbook of International Business, 2009: 591 - 619.

[58] Egan T M. Creativity in the context of team diversity: Team leader perspectives [J]. Advances in Developing Human Resources, 2005, 7 (2):

207-225.

[59] Eggers J P, Kaplan S. Cognition and renewal: Comparing CEO and organizational effects on incumbent adaptation to technical change [J]. Organization Science, 2009, 20 (2): 461-477.

[60] El-Khatib R, Fogel K, Jandik T. CEO network centrality and merger performance [J]. Journal of Financial Economics, 2015, 116 (2): 349-382.

[61] Fast N J, Chen S. When the boss feels inadequate: Power, incompetence, and aggression [J]. Psychological Science, 2009, 20 (11): 1406.

[62] Fast N J, Gruenfeld D H, Sivanathan N, et al. Illusory control: A generative force behind power's far-reaehing effects [J]. Social Science Electronic Publishing, 2009, 20 (4): 502-508.

[63] Festinger L. A theory of social comparison processes [J]. Human Relations, 1954, 7 (7): 117-140.

[64] Finkelstein S. Power in top management teams: Dimensions, measurement, and validation [J]. The Academy of Management Journal, 1992, 35 (3): 505-538.

[65] Fracassi C, Tate G. External networking and internal firm governance [J]. The Journal of Finance, 2012, 67 (1): 153-194.

[66] Freeman S, Edwards R, Schroder B. How smaller born-global firms use networks and alliances to overcome constraints to rapid internationalization [J]. Journal of International Marketing, 2006, 14 (3): 33-63.

[67] Frésard L, Salva C. The value of excess cash and corporate governance: Evidence from US cross-listings [J]. Journal of Financial Economics, 2010, 98 (2): 359-384.

[68] Gabrielsson M, Kirpalani V H M, Dimitratos P, et al. Born globals: Propositions to help advance the theory [J]. International Business Review, 2008, 17 (4): 385-401.

[69] Galema R, Lensink R, Mersland R. Do powerful CEOs determine

microfinance performance? [J]. Journal of Management Studies, 2012, 49 (4): 718-742.

[70] Galinsky A D, Magee J C, Gruenfeld D H, et al. Power reduces the press of the situation: Implications for creativity, conformity, and dissonance [J]. Journal of Personality and Social Psychology, 2008, 95 (6): 1450-1466.

[71] Galinsky A D, Magee J C, Inesi M E, Gruenfeld D H. Power and perspectives not taken [J]. Psychological Science, 2006, 17 (12): 1068-1074.

[72] George G. Slack resources and the performance of privately held firms [J]. Academy of Management Journal, 2005, 48 (4): 661-676.

[73] Gervais S, Odean T. Learning to be overconfident [J]. Social Science Electronic Publishing, 2001, 14 (1): 1-27.

[74] Gibson C, Vermeulen F. A healthy divide: Subgroups as a stimulus for team learning behavior [J]. Administrative Science Quarterly, 2003, 48 (2): 202-239.

[75] Gigerenzer G, Hoffrage U. How to improve Bayesian reasoning without instruction: Frequency formats [J]. Psychological Review, 1995, 102 (4): 684-704.

[76] Goh L. Mergers and executive pay [R]. Working Paper, Department of Accounting and Finance, London School of Economics and Political Science, 2006.

[77] Grabke-Rundell A, Gomez-Mejia L R. Power as a determinant of executive compensation [J]. Human Resource Management Review, 2002, 12 (1): 3-23.

[78] Greve H R. Performance, aspirations, and risky organizational change [J]. Administrative Science Quarterly, 1998, 43 (1): 58-86.

[79] Greve H R. Positional rigidity: Low performance and resource acquisition in large and small firms [J]. Strategic Management Journal, 2011, 32 (1): 103-114.

[80] Grinstein Y, Hribar P. CEO compensation and incentives: Evidence from M&A bonuses [J]. Journal of Financial Economics, 2004, 73 (1): 119 – 143.

[81] Guinote A. Power affects basic cognition: Increased attentional inhibition and flexibility [J]. Journal of Experimental Social Psychology, 2007, 43 (5): 685 – 697.

[82] Hambrick D C, Mason P A. Upper echelons: The organization as a reflection of its top managers [J]. Social Science Electronic Publishing, 1984, 9 (2): 193 – 206.

[83] Hambrick D C. Top management groups: A conceptual integration and reconsideration of the group label [J]. Organization Behavior, 1994 (16): 171 – 214.

[84] Harada T, Bridge D J, Chiao J Y. Dynamic social power modulates neural basis of math calculation [J]. Frontiers in Human Neuroscience, 2013, 6 (6): 350.

[85] Harford J, Li K. Decoupling CEO wealth and firm performance: The case of acquiring CEOs [J]. Journal of Finance, 2007, 62 (2): 917 – 949.

[86] Harmon – jones E, Gable P A. Neural activity underlying the effect of approach – motivated positive affect on narrowed attention [J]. Psychological Science, 2009, 20 (4): 406.

[87] Hayward M L A, Hambrick D C. Explaining the premiums paid for large acquisitions: Evidence of CEO hubris [J]. Administrative Science Quarterly, 1997, 42 (1): 103 – 127.

[88] Helfat C. Dynamic capabilities: Understanding strategic change in organizations [J]. Academy of Management Review, 2007, 30 (1): 203 – 207.

[89] Hermalin B E, Weisbach M S. Endogenously chosen boards of directors and their monitoring of the CEO [J]. American Economic Review, 1996 (1): 96 – 118.

[90] Hill C W L, Kelley P C, Agle B R, et al. An Empirical examination of the causes of corporate wrongdoing in the United States [J]. Human Relations, 1992, 45 (10): 1055 – 1076.

[91] Hiller N, Hambrick D. Conceptualizing executive hubris: The role of (hyper –) core self – evaluations in strategic decision – making [J]. Strategic Management Journal, 2005, 26 (4): 297 – 319.

[92] Hilmersson M, Johanson M, Lundberg H, et al. Time, temporality, and internationalization: The relationship among point in time, time to, and speed of international expansion [J]. Journal of International Marketing, 2017, 25 (1): 22 – 45.

[93] Hilmersson M, Johanson M. Speed of SME internationalization and performance [J]. Management International Review, 2016, 56 (1): 67 – 94.

[94] Hilmersson M. Small and medium – sized enterprise internationalisation strategy and performance in times of market turbulence [J]. International Small Business Journal, 2014, 32 (4): 386 – 400.

[95] Hitt M, Li D, Xu K. International strategy: From local to global and beyond [J]. Journal of World Business, 2016, 51 (1): 58 – 73.

[96] Hutzschenreuter T, Horstkotte J. Performance effects of top management team demographic faultlines in the process of product diversification [J]. Strategic Management Journal, 2013, 34 (6): 704 – 726.

[97] Hutzschenreuter T, Kleindienst I, Lange S. Added psychic distance stimuli and MNE performance: Performance effects of added cultural, governance, geographic, and economic distance in MNEs' international expansion [J]. Journal of International Management, 2014, 20 (1): 38 – 54.

[98] Iyer D N, Miller K D. Performance feedback, slack, and the timing of acquisitions [J]. Academy of Management Journal, 2008, 51 (4): 808 – 822.

[99] Jensen M C. Agency costs of free cash flow, corporate finance, and

takeovers [J]. American Economic Review, 1986, 76 (2): 323 - 329.

[100] Jensen M C, Meckling W H. Theory of the firm: Managerial behavior, agency costs and ownership structure [J]. Journal of Financial Economics, 1976, 3 (4): 305 - 360.

[101] Jiang R, Beamish P, Makino S. Time compression diseconomies in foreign expansion [J]. Journal of World Business, 2014, 49 (1): 114 - 121.

[102] Johanson J, Vahlne J E. The internationalization process of the firm—A model of knowledge development and increasing foreign market commitments [J]. Journal of International Business Studies, 1977, 8 (1): 23 - 32.

[103] Johanson J, Vahlne J E. The Uppsala internationalization process model revisited: From liability of foreignness to liability of outsidership [J]. Journal of International Business Studies, 2009, 40 (9): 1411 - 1431.

[104] Johanson, G. Managing strategic change - strategy, culture and action [J]. Long Range Planning, 1992, 25 (1): 28 - 36.

[105] Jones M V, Coviello N E. Internationalisation: Conceptualising an entrepreneurial process of behaviour in time [J]. Journal of International Business Studies, 2005, 36 (3): 284 - 303.

[106] Jørgensen E J B. Internationalisation patterns of border firms: Speed and embeddedness perspectives [J]. International Marketing Review, 2014, 31 (4): 438 - 458.

[107] Jung J C, Bansal P. How firm performance affects internationalization [J]. Management International Review, 2009, 49 (6): 709 - 732.

[108] Kaczmarek S, Kimino S, Pye A. Board task - related faultlines and firm performance: A decade of evidence [J]. Corporate Governance an International Review, 2012, 20 (4): 337 - 351.

[109] Kahneman D, Dan L. Timid choices and bold forecasts: A cognitive perspective on risk taking [J]. Management Science, 1993, 39 (1): 17 - 31.

[110] Kahneman D, Tversky A. Prospect theory: An analysis of decision

under risk [J]. Econometrica, 1979, 47 (2): 263 - 291.

[111] Kahneman D, Slovic P, Tversky A. Judgment under uncertainty: Heuristics and biases [M]. New York: Cambridge University Press, 1982.

[112] Keltner D, Gruenfeld D H, Anderson, C. Power, approach, and inhibition [J]. Psychological Review, 2003, 110 (2): 265 - 284.

[113] Kenney J L, Gudergan S P. Knowledge integration in organizations: An empirical assessment [J]. Journal of Knowledge Management, 2006, 10 (4): 43 - 58.

[114] Khavul S, Pérez - Nordtvedt L, Wood E. Organizational entrainment and international new ventures from emerging markets [J]. Journal of Business Venturing, 2010, 25 (1): 104 - 119.

[115] Kiss A N, Danis W M. Country institutional context, social networks, and new venture internationalization speed [J]. European Management Journal, 2008, 26 (6): 388 - 399.

[116] Knight G A, Cavusgil S T. Innovation, organizational capabilities, and the born - global firm [J]. Journal of International Business Studies, 2004, 35 (2): 124 - 141.

[117] Kogut B, Chang S J. Platform investments and volatile exchange rates: Direct investment in the U. S. by Japanese electronic companies [J]. Review of Economics and Statistics, 1996, 78 (2): 221 - 231.

[118] Kuivalainen O, Sundqvist S, Servais P. Firms' degree of born - globalness, international entrepreneurial orientation and export performance [J]. Journal of World Business, 2007, 42 (3): 253 - 267.

[119] Lankau M J, Riordan C M, Thomas C H. The effects of similarity and liking in formal relationships between mentors and protégés [J]. Journal of Vocational Behavior, 2005, 67 (2): 252 - 265.

[120] Lant T K. Aspiration level adaptation: An empirical exploration [J]. Management Science, 1992, 38 (5): 623 - 644.

［121］ Lant T, Baum J. Cognitive sources of socially constructed competitive groups: Examples from the Manhattan hotel industry［J］. The Institutional Construction of Organizations, 1995 (15): 38.

［122］ Lant T K, Milliken F J, Batra B. The role of managerial learning and interpretation in strategic persistence and reorientation: An empirical exploration［J］. Strategic Management Journal, 1992, 13 (8): 585 – 608.

［123］ Lau D C, Murnighan J K. Demographic diversity and faultlines: The compositional dynamics of organizational groups［J］. Academy of Management Review, 1998, 23 (2): 325 – 340.

［124］ Lau D C, Murnighan J K. Interactions within groups and subgroups: The effects of demographic faultlines［J］. Academy of Management Journal, 2005, 48 (4): 645 – 659.

［125］ Lawrence B S. Perspective—The black box of organizational demography［J］. Organization Science, 1997, 8 (1): 1 – 22.

［126］ Levinthal D A. Adaptation on rugged landscapes［J］. Management Science, 1997, 43 (7): 934 – 950.

［127］ Levy O. The Influence of top management team attention patterns on global strategic posture of firms［J］. Journal of Organizational Behavior, 2005, 26 (7): 797 – 819.

［128］ Lewellyn K B, Muller – Kahle M I. CEO power and risk taking: Evidence from the subprime lending industry［J］. Corporate Governance an International Review, 2012, 20 (3): 289 – 307.

［129］ Li J, Hambrick D C. Factional groups: A new vantage on demographicfaultlines, conflict, and disintegration in work teams［J］. Academy of Management Journal, 2005, 48 (5): 794 – 813.

［130］ Lin W T. Family ownership and internationalization processes: Internationalization pace, internationalization scope, and internationalization rhythm ［J］. European Management Journal, 2012, 30 (1): 47 – 56.

[131] Lin W T. How do managers decide on internationalization processes? The role of organizational slack and performance feedback [J]. Journal of World Business, 2014, 49 (3): 396-408.

[132] Love J H, Roper S, Zhou Y. Experience, age and exporting performance in UK SMEs [J]. International Business Review, 2016, 25 (4): 806-819.

[133] Luo Y, Zhao J H, Du L. The internationalization speed of e-commerce companies: An empirical analysis [J]. International Marketing Review, 2005, 22 (6): 693-709.

[134] Luo Y, Rui H. An ambidexterity perspective toward multinational enterprises from emerging economies [J]. Academy of Management Perspectives, 2009, 23 (4): 49-70.

[135] Luo Y, Tung R. International expansion of emerging market enterprises: A springboard perspective [J]. Journal of International Business Studies, 2007, 38 (4): 481-498.

[136] Lyles M, Li D, Yan H. Chinese outward foreign direct investment performance: The role of learning [J]. Management and Organization Review, 2014, 10 (3): 411-437.

[137] Madhok A, Mohammad K. Acquisitions as entrepreneurship: Asymmetries, opportunities, and the internationalization of multinationals from emerging economies [J]. Global Strategy Journal, 2012, 2 (1): 26-40.

[138] Magee J, Galinsky A. Social hierarchy: The self-reinforcing nature of power and status [J]. Academy of Management Annals, 2008, 2 (1): 351-398.

[139] Malmendier U, Tate G. Does overconfidence affect corporate investment? CEO overconfidence measures revisited [J]. European Financial Management, 2005, 11 (5): 649-659.

[140] Mande V, Son M. CEO centrality and meeting or beating analysts'

earnings forecasts [J]. Journal of Business Finance and Accounting, 2012, 39 (1-2): 82-112.

[141] March J G, Simon H A. Organizations [J]. Social Science Electronic Publishing, 1958, 2 (1): 105-132.

[142] March J G, Shapira Z. Variable risk preferences and the focus of attention [J]. Psychological Review, 1992 (99): 172-183.

[143] March J G, Easton D. The power of power [R]. Classics of Organization Theory, 1966.

[144] Mathews J A, Zander I. The International entrepreneurial dynamics of accelerated internationalisation [J]. Journal of International Business Studies, 2007, 38 (3): 387-403.

[145] Meyer A D. Adapting to environmental jolts [J]. Administrative Science Quarterly, 1982, 27 (4): 515-537.

[146] Miller D, Chen M J. Sources and consequences of competitive inertia: A study of the U. S. airline industry [J]. Administrative Science Quarterly, 1994, 39 (1): 1-23.

[147] Miller K D, Chen W R. Variable organizational risk preferences: Tests of the March-Shapira model [J]. Academy of Management Journal, 2004, 47 (1): 105-115.

[148] Milliken F J, Martins L L. Searching for common threads: Understanding the multiple effects of diversity in organizational groups [J]. Academy of Management Review, 1996, 21 (2): 402-433.

[149] Moen O, Servais P. Born global or gradual global? Examining the export behavior of small and medium-sized enterprises [J]. Journal of International Marketing, 2002, 10 (3): 49-72.

[150] Mohr A, Batsakis G. Internationalization speed and firm performance: A study of the market-seeking expansion of retail MNEs [J]. Management International Review, 2017, 57 (2): 153-177.

[151] Moore D A, Oesch J M, Zietsma C. What competition? Myopic self-focus in market entry decisions [J]. Organization Science, 2007, 18 (3): 440-454.

[152] Morgan-Thomas A, Jones M V. Postentry internationalization dynamics differences between smes in the development speed of their international sales [J]. International Small Business Journal, 2009, 27 (1): 71-97.

[153] Mueller D C. A Theory of conglomerate mergers [J]. Quarterly Journal of Economics, 1969, 83 (4): 643-659.

[154] Musteen M, Francis J, Datta D K. The influence of international networks on internationalization speed and performance: A study of Czech SMEs [J]. Journal of World Business, 2010, 45 (3): 197-205.

[155] Nadkarni S, Barr P S. Environmental context, managerial cognition, and strategic action: An integrated view [J]. Strategic Management Journal, 2008, 29 (13): 1395-1427.

[156] Nadolska A, Barkema H G. Learning to internationalise: The pace and success of foreign acquisitions [J]. Journal of International Business Studies, 2007, 38 (7): 1170-1186.

[157] Narayanan M P. Debt versus equity under asymmetric information [J]. Journal of Financial and Quantitative Analysis, 1988, 23 (1): 39-51.

[158] Neumann J V, Morgenstern O. The theory of games and economic behaviour [M]. Princeton University Press, 1944: 2-14.

[159] Noe T H, Rebello M J. Renegotiation, investment horizons, and managerial discretion [J]. Journal of Business, 1997, 70 (3): 385-407.

[160] O'Reilly Ⅲ C A, Caldwell D F, Barnett W P. Work group demography, social integration, and turnover [J]. Administrative Science Quarterly, 1989 (1): 21-37.

[161] Ocasio W. Towards an attention-based theory of the firm [J]. Strategic Management Journal, 1997 (18): 187-206.

[162] Ocasio W, Joseph J. An attention-based theory of strategy formulation: Linking Micro and Macro perspectives in strategy processes [M]//Advances in Strategic Management. Emerald Group Publishing Limited, 2005: 39-61.

[163] Oviatt B M, Mcdougall P P. Defining international entrepreneurship and modeling the speed of internationalization [J]. Entrepreneurship Theory and Practice, 2005, 29 (5): 537-554.

[164] Oviatt B M, Mcdougall P P. Toward a theory of international new ventures [J]. Journal of International Business Studies, 1994, 25 (1): 45-64.

[165] Pacheco-De-Almeida G. Erosion, time compression, and self-displacement of leaders in hypercompetitive environments [J]. Strategic Management Journal, 2010, 31 (13): 1498-1526.

[166] Park J H, Sung Y D, Lee D H. CEO experience and firm internationalization: The moderating effect of CEO power [J]. Revue Belge De Droit International, 2014, 25 (1): 29-58.

[167] Pathan S. Strong boards, CEO power and bank risk-taking [J]. Social Science Electronic Publishing, 2009, 33 (7): 1340-1350.

[168] Penrose E. Theory of the growth of the firm [J]. Long Range Planning, 1959, 29 (3): 192-193.

[169] Pfeffer J. Power in organizations [J]. Journal of Policy Analysis and Management, 1982, 2 (3): 307-308.

[170] Pla-Barber J, Escribá-Esteve A. Accelerated internationalisation: Evidence from a late investor country [J]. International Marketing Review, 2006, 23 (3): 255-278.

[171] Porac J F, Thomas H. Taxonomic mental models in competitor definition [J]. Academy of Management Review, 1990 (15): 224-240.

[172] Powell K S. Profitability and speed of foreign market entry [J]. Management International Review, 2014, 54 (1): 31-45.

[173] Powell T C, Dan L, Fox C R. Behavioral strategy [J]. Strategic Man-

agement Journal, 2011, 32 (13): 1369 – 1386.

[174] Prashantham S, Young S. Post – entry speed of international new ventures. Entrepreneurship [J]. Theory and Practice, 2011: 35 (2): 275 – 292.

[175] Pratt J W, Raiffa H, Schlaifer R. Introduction to statistical decision theory [M]. MIT Press, 1995.

[176] Priem R L, Lyon D W, Dess G G. Inherent limitations of demographic proxies in top management team heterogeneity research [J]. Journal of Management, 1999, 25 (6): 935 – 953.

[177] Rabe W F. Managerial power [J]. California Management Review, 1962, 4 (3): 31 – 39.

[178] RamosE, Acedo F, Gonzalez M. Internationalisation speed and technological patterns: A panel data study on Spanish SMEs [J]. Technovation, 2011, 31 (10 – 11): 560 – 572.

[179] Ref O, Shapira Z. Entering new markets: The effect of performance feedback near aspiration and well below and above it [J]. Strategic Management Journal, 2017, 38 (7): 1416 – 1434.

[180] Reger R K, Huff A S. Strategic groups: A cognitive perspective [J]. Strategic Management Journal, 1993, 14 (2): 103 – 123.

[181] Rico R, Sánchezmanzanares M, Antino M, et al. Bridging team faultlines by combining task role assignment and goal structure strategies [J]. Journal of Applied Psychology, 2012, 97 (2): 407 – 420.

[182] Rodríguez – Bailón R, Moya M, Yzerbyt V. Why do superiors attend to negative stereotypic information about their subordinates? Effects of power legitimacy on social perception [J]. European Journal of Social Psychology, 2001, 30 (5): 651 – 671.

[183] Roll R. The hubris hypothesis of corporate takeovers [J]. Journal of Business, 1986, 59 (2): 197 – 216.

[184] Rui H, Yip G S. Foreign acquisitions by Chinese firms: A strategic

intent perspective [J]. Journal of World Business, 2008, 43 (2): 213 -226.

[185] Russo J E, Schoemaker P J H. Decision traps [M]. New York: Doubleday, 1989.

[186] Salancik G A, Meindl J R. Corporate attributions as strategic illusions of management control [J]. Administrative Science Quarterly, 1984, 29 (2): 238 -254.

[187] Salomon R, Martin X. Learning, knowledge transfer, and technology implementation performance: A study of time - to - build in the global semiconductor industry [J]. Management Science, 2008, 54 (7): 1266 -1280.

[188] Sanders W G, Hambrick D C. Swinging for the fences: The effects of CEO stock options on company risk taking and performance [J]. Academy of Management Journal, 2007, 50 (5): 1055 -1078.

[189] Savage L J. The foundations of statistics [M]. New York: Wiley, 1954.

[190] Sawyer J E, Houlette M A, Yeagley E L. Decision performance and diversity structure: Comparing faultlines in convergent, crosscut, and racially homogeneous groups [J]. Organizational Behavior and Human Decision Processes, 2006, 99 (1): 1 -15.

[191] Scharfstein D S, Stein J C. Herd behavior and investment [J]. American Economic Review, 1990, 80 (3): 465 -479.

[192] Schlaifer R. Probability and statistics for business decisions: An introduction to managerial economics under uncertainty [M]. New York: McGraw - Hill, 1959.

[193] Schlaifer R. Introduction to statistics for business decisions [M]. New York: McGraw - Hill, 1961.

[194] Schrager J E, Madansky A. Behavioral strategy: A foundational view [J]. Journal of Strategy and Management, 2013, 6 (1): 81 -95.

[195] Schu M, Morschett D, Swoboda B. Internationalization speed of on-

line retailers: A resource – based perspective on the influence factors [J]. Management International Review, 2016, 56 (5): 733 – 757.

[196] Schumpeter J. The theory of economic development [M]. Boston: Harvard University Press, 1912.

[197] Shleifer A, Vishny R W. Management entrenchment: The case of manager – specific investments [J]. Journal of Financial Economics, 1989, 25 (1): 123 – 139.

[198] Simon H A. A Behavioral model of rational choice [J]. Quarterly Journal of Economics, 1955, 69 (1): 99 – 118.

[199] Simon H A. The logic of rational decision [J]. British Journal for the Philosophy of Science, 1965, 16 (63): 169 – 186.

[200] Singh J V. Performance, slack, and risk taking in organizational decision making [J]. Academy of Management Journal, 1986, 29 (3): 562 – 585.

[201] Smith W K, Tushman M L. Managing strategic contradictions: A top management model for managing innovation streams [J]. Organization Science, 2005, 16 (5): 522 – 536.

[202] Song Y. Decision control of controlling shareholder, CEO incentive and firm internationalization strategy [J]. Nankai Business Review, 2010, 13 (4): 4 – 11.

[203] Spence M, Crick D. A comparative investigation into the internationalisation of Canadian and UK high – tech SMEs [J]. Acta Obstetricia Et Gynecologica Scandinavica, 2006, 87 (9): 902 – 909.

[204] Staw B M, Sandelands L E, Dutton J E. Threat – rigidity effects in organizational behavior: A multilevel analysis [J]. Administrative Science Quarterly, 1981, 26 (4): 501 – 524.

[205] Sui S, Yu Z, Baum M. Prevalence and longitudinal trends of early internationalisation patterns among Canadian SMEs [J]. International Marketing

Review, 2012, 29 (5): 519 - 535.

[206] Sullivan D. Measuring the degree of internationalization of a firm [J]. Journal of International Business Studies, 1994, 25 (2): 325 - 342.

[207] Tajfel H, Turner J C. An integrative theory of intergroup conflict [J]. The Social Psychology of Intergroup Relations, 1979, 33 (47): 74.

[208] Tajfel H, Turner J C. The social identity theory of intergroup behavior [J]. Political Psychology, 1986, 13 (3): 7 - 24.

[209] Tan H, Mathews J. Accelerated Internationalization and resource leverage strategizing: The case of Chinese wind turbine manufacturers [J]. Journal of World Business, 2015, 50 (3): 417 - 427.

[210] Tang H, Liang Z, Zhou K, et al. Positive and negative affect in loss aversion: Additive or subtractive logic? [J]. Journal of Behavioral Decision Making, 2016, 29 (4): 381 - 391.

[211] Teece D J, Pisano G, Shuen A. Dynamic capabilities and strategic management [J]. Strategic Management Journal, 1997, 18 (7): 509 - 533.

[212] Thaler R H, Johnson E J. Gambling with the house money and trying to break even: The effects of prior outcomes on risky choice [J]. Social Science Electronic Publishing, 1990, 36 (6): 643 - 660.

[213] Thatcher S M B, Jehn K A, Zanutto E. Cracks in diversity research: The effects of diversity faultlines on conflict and performance [J]. Group Decision and Negotiation, 2003, 12 (3): 217 - 241.

[214] Thatcher S M, Patel P C. Demographic faultlines: A meta - analysis of the literature [J]. Journal of Applied Psychology, 2011, 96 (6): 1119 - 1139.

[215] Tihanyi L, Ellstrand A E, Daily C M, et al. Composition of the top management team and firm international diversification [J]. Journal of Management, 2000, 26 (6): 1157 - 1177.

[216] Trudgen R, Freeman S. Measuring the performance of born - global

firms throughout their development process: The roles of initial market selection and internationalisation speed [J]. Management International Review, 2014, 54 (4): 551-579.

[217] Tsui A S, Egan T D, O'Reilly C A. Being different: Relational demography and organizational attachment [J]. Administrative Science Quarterly, 1992, 37 (4): 549-579.

[218] Tsui A S, O'Reilly C A. Beyond simple demographic effects: The importance of relational demography in superior-subordinate dyads [J]. Academy of Management Journal, 1989, 32 (2): 402-423.

[219] Tuggle C S, Sirmon D G, Reutzel C R, et al. Commanding board of director attention: Investigating how organizational performance and CEO duality affect board members' attention to monitoring [J]. Strategic Management Journal, 2010, 31 (9): 946-968.

[220] Turner J C, Oakes P J. The significance of the social identity concept for social psychology with reference to individualism, interactionism and social influence [J]. British Journal of Social Psychology, 1986, 25 (3): 237-252.

[221] Turner J C. Social categorization and the self-concept: Acosial cognitive theory of group behavior [J]. Advances in Group Processes, 1985 (2): 77-122.

[222] Tversky A, Kahneman D. Loss aversion in riskless choice: A reference-dependent model [J]. Quarterly Journal of Economics, 1991, 106 (4): 1039-1061.

[223] Van Essen M, Otten J, Carberry E J. Assessing managerial power theory: A meta-analytic approach to understanding the determinants of CEO compensation [J]. Journal of Management, 2012, 41 (1): 164-202.

[224] Vermeulen F, Barkema H. Pace, rhythm, and scope: Process dependence in building a profitable multinational corporation [J]. Strategic Management Journal, 2002, 23 (7): 637-653.

[225] Vidal E, Mitchell W. Adding by subtracting: The relationship between performance feedback and resource reconfiguration through divestitures [J]. Organization Science, 2015, 26 (4): 1101 – 1118.

[226] Wagner H. Internationalization speed and cost efficiency: Evidence from Germany [J]. International Business Review, 2004, 13 (4): 447 – 463.

[227] Watson W E, Kumar K. Differences in decision making regarding risk taking: A comparison of culturally diverse and culturally homogeneous task groups [J]. International Journal of Intercultural Relations, 1992, 16 (1): 53 – 65.

[228] Wegner D M, Erber R, Raymond P. Transactive memory in close relationships [J]. Journal of Personality and Social Psychology, 1991, 61 (6): 923.

[229] Weick K E. Sensemaking in organizations [M]. Sage: Thousand Oaks, 1995.

[230] Weinstein N. Unrealistic optimism about future life events [J]. Journal of Personality and Social Psychology, 1980, 39 (5): 806 – 820.

[231] Welch L S, Luostarinen R. Internationalization: Evolution of a concept [J]. Journal of General Management, 1988, 14 (2): 155 – 171.

[232] Wernerfelt B. A resource – based view of the firm [J]. Strategic Management Journal, 1984, 5 (2): 171 – 180.

[233] Wiersema M F, Bantel K A. Top management team demography and corporate strategic change [J]. Academy of Management Journal, 1992, 35 (1): 91 – 121.

[234] Willis G B, Rodríguezbailón R. When subordinates think of their ideals: Power, legitimacy and regulatory focus [J]. Spanish Journal of Psychology, 2010, 13 (2): 777 – 787.

[235] Wiseman R M, Bromiley P. Toward a model of risk in declining organizations: An empirical examination of risk, performance and decline [J]. Organization Science, 1996, 7 (5): 524 – 543.

[236] Yuan Xi'na, Guo Z, Fang E. An examination of how and when the

top management team matters for firm innovativeness: The effects of TMT functional backgrounds [J]. Innovation, 2014, 16 (3): 323 – 342.

[237] Zahra S A, George G. Absorptive capacity: A review, reconceptualization, and extension [J]. Academy of Management Review, 2002, 27 (2): 185 – 203.

[238] Zahra S A, Ireland R D, Hitt M A. International expansion by new venture firms: International diversity, mode of market entry, technological learning, and performance [J]. Academy of Management Journal, 2000, 43 (5): 925 – 950.

[239] Zanutto E L, Bezrukova K, Jehn K A. Revisiting faultline conceptualization: Measuring faultline strength and distance [J]. Quality and Quantity, 2011, 45 (3): 701 – 714.

[240] Zhou L, Wu A, Barnes B R. The effects of early internationalization on performance outcomes in young international ventures: The mediating role of marketing capabilities [J]. Journal of International Marketing, 2013, 20 (4): 25 – 45.

[241] Zhou L. The effects of entrepreneurial proclivity and foreign market knowledge on early internationalization [J]. Journal of World Business, 2007, 42 (3): 281 – 293.

[242] Zucchella A, Palamara G, Denicolai S. The drivers of the early internationalization of the firm [J]. Journal of World Business, 2007, 42 (3): 268 – 280.

[243] 陈叶婷, 张晓涛. 国际化、产品差异化对企业绩效的影响研究——基于我国上市制造业企业的证据[J]. 国际商务: 对外经济贸易大学学报, 2015 (4): 134 – 142.

[244] 陈悦明, 葛玉辉, 宋志强. 高层管理团队断层与企业战略决策的关系研究[J]. 管理学报, 2012, 9 (11): 1634 – 1642.

[245] 陈震, 丁忠明. 基于管理层权力理论的垄断企业高管薪酬研究[J]. 中国工业经济, 2011, 29 (9): 119 – 129.

[246] 董临萍，宋渊洋. 高管团队注意力与企业国际化绩效：权力与管理自由度的调节作用[J]. 管理评论，2017，29（8）：167-178.

[247] 方宏，王益民. 基于深度与广度的国际化速度：过度自信与政治网络的作用[J]. 山东大学学报（哲学社会科学版），2018（1）：111-119.

[248] 方宏，王益民. "欲速则不达"：中国企业国际化速度与绩效关系研究[J]. 科学学与科学技术管理，2017，38（2）：158-170.

[249] 巩键，陈凌，王健茜. 从众还是独具一格？——中国家族企业战略趋同的实证研究[J]. 管理世界，2016（11）：110-124.

[250] 贺小刚，连燕玲，吕斐斐. 期望差距与企业家的风险决策偏好——基于中国家族上市公司的数据分析[J]. 管理科学学报，2016，19（8）：1-20.

[251] 贺小刚，连燕玲，吕斐斐. 消极反馈与企业家创新：基于民营上市公司的实证研究[J]. 南开管理评论，2016，19（3）：145-156.

[252] 黄胜，叶广宇，周劲波，靳田田，李玉米. 二元制度环境、制度能力对新兴经济体创业企业加速国际化的影响[J]. 南开管理评论，2015，18（3）：71-84.

[253] 黄胜，叶广宇，丁振阔. 国际化速度、学习导向与国际新创企业的国际绩效[J]. 科学学与科学技术管理，2017，38（7）：141-154.

[254] 黄胜，周劲波. 制度环境、国际市场进入模式与国际创业绩效[J]. 科研管理，2014，35（2）：54-61.

[255] 姜付秀，张敏，陆正飞，陈才东. 管理者过度自信、企业扩张与财务困境[J]. 经济研究，2009，55（1）：131-143.

[256] 姜付秀，伊志宏，苏飞. 管理者背景特征与企业过度投资行为[J]. 管理世界，2009（1）：130-139.

[257] 郎淳刚，席酉民，郭士伊. 团队冲突对团队决策质量和满意度影响的实证研究[J]. 管理评论，2007，19（7）：10-15.

[258] 黎常. 网络关系、资源获取与新企业国际化——四家企业的案例研究[J]. 管理案例研究与评论，2012，5（5）：368-378.

[259] 李胜楠,牛建波. 高管权力研究的述评与基本框架构建[J]. 外国经济与管理, 2014, 36 (7): 3-13.

[260] 李维安,刘振杰,顾亮. 董事会异质性、董事会断裂带与银行风险承担——金融危机下中国银行的实证研究[J]. 财贸研究, 2014 (5): 87-98.

[261] 李海霞,王振山. CEO权力与公司风险承担——基于投资者保护的调节效应研究[J]. 经济管理, 2015 (8): 76-87.

[262] 廖建桥,赵君,张永军. 权力距离对中国领导行为的影响研究[J]. 管理学报, 2010, 7 (7): 988-992.

[263] 林治洪,陈岩,秦学志. 基于制度视角的企业国际化速度对绩效的影响研究:来自中国上市公司的经验分析[J]. 产业经济研究, 2013, 12 (1): 89-99.

[264] 罗富碧,冉茂盛,杜家廷. 高管人员股权激励与投资决策关系的实证研究[J]. 会计研究, 2008 (8): 69-76.

[265] 潘清泉,唐刘钊,韦慧民. 高管团队断裂带、创新能力与国际化战略——基于上市公司数据的实证研究[J]. 科学学与科学技术管理, 2015, 36 (10): 111-122.

[266] 权小锋,吴世农. CEO权力强度、信息披露质量与公司业绩的波动性——基于深交所上市公司的实证研究[J]. 南开管理评论, 2010, 13 (4): 142-153.

[267] 宋铁波,钟熙,陈伟宏. 期望差距与企业国际化速度:来自中国制造业的证据[J]. 中国工业经济, 2017 (6): 175-192.

[268] 孙俊华,贾良定. 高层管理团队与企业战略关系研究述评[J]. 科技进步与对策, 2009, 26 (9): 150-155.

[269] 王艺霖,王益民. 高层管理人员权力与中国企业的国际化节奏研究[J]. 管理学报, 2016, 13 (3): 366-373.

[270] 王益民,梁枢,赵志彬. 国际化速度前沿研究述评:基于全过程视角的理论模型构建[J]. 外国经济与管理, 2017, 39 (9): 98-112.

[271] 王华,黄之骏.经营者股权激励、董事会组成与企业价值——基于内生性视角的经验分析[J].管理世界,2006(9):101-116.

[272] 汪金爱,宗芳宇.国外高阶梯队理论研究新进展:揭开人口学背景黑箱[J].管理学报,2011,8(8):1247.

[273] 文巧甜,郭蓉.资源约束框架下业绩反馈与战略调整方向研究——基于中国上市公司的数据分析[J].经济管理,2017,39(3):90-108.

[274] 温忠麟,叶宝娟.中介效应分析:方法和模型发展[J].心理科学进展,2014,22(5):731-745.

[275] 吴建祖,毕玉胜.高管团队注意力配置与企业国际化战略选择——华为公司案例研究[J].管理学报,2013,10(9):1268-1274.

[276] 吴建祖,关斌.高管团队特征对企业国际市场进入模式的影响研究——注意力的中介作用[J].管理评论,2015,27(11):118-131.

[277] 吴建祖,王欣然,曾宪聚.国外注意力基础观研究现状探析与未来展望[J].外国经济与管理,2009,31(6):58-65.

[278] 吴建祖,曾宪聚,赵迎.高层管理团队注意力与企业创新战略——两职合一和组织冗余的调节作用[J].科学学与科学技术管理,2016,37(5):170-180.

[279] 许晖,郭净.中国国际化企业能力—战略匹配关系研究:管理者国际注意力的调节作用[J].南开管理评论,2013,16(4):133-142.

[280] 许晖,余娟.企业国际化经营中关键风险的识别研究[J].南开管理评论,2007,10(4):92-97.

[281] 徐小琴,王菁,马洁.绩优企业会增加企业负面行为吗——基于中国制造业上市公司的数据分析[J].南开管理评论,2016,19(2):137-144.

[282] 喻红阳.中国企业国际化速度、广度、深度研究——基于商务部的数据分析[J].商业时代,2014(2):89-91.

[283] 张远飞,贺小刚,连燕玲."富则思安"吗?——基于中国民营

上市公司的实证分析[J]. 管理世界, 2013 (7): 130-144.

[284] 张洽, 袁天荣. CEO权力、私有收益与并购动因——基于我国上市公司的实证研究[J]. 财经研究, 2013 (4): 101-110.

[285] 张军伟, 徐富明, 刘腾飞等. 行为决策中损失规避的影响因素及行为表现[J]. 心理研究, 2011, 19 (3): 59-66.

[286] 赵纯祥, 张敦力. 市场竞争视角下的管理者权力和企业投资关系研究[J]. 会计研究, 2013, 34 (10): 67-74+97.

[287] 赵息, 张西栓. 内部控制、高管权力与并购绩效——来自中国证券市场的经验证据[J]. 南开管理评论, 2013, 16 (2): 75-81.

[288] 周楷唐, 麻志明, 吴联生. 高管学术经历与公司债务融资成本[J]. 经济研究, 2017 (7): 169-183.

[289] 周楷唐, 姜舒舒, 麻志明. 政治不确定性与管理层自愿业绩预测[J]. 会计研究, 2017 (10): 65-70.

[290] 周建, 金媛媛, 袁德利. 董事会人力资本、CEO权力对企业研发投入的影响研究——基于中国沪深两市高科技上市公司的经验证据[J]. 科学学与科学技术管理, 2013, 34 (3): 170-180.

[291] 周建, 许为宾, 余耀东. 制度环境、CEO权力与企业战略风格[J]. 管理学报, 2015, 12 (6): 807-813.

[292] 周建, 李小青. 董事会认知异质性对企业创新战略影响的实证研究[J]. 管理科学, 2012, 25 (6): 1-12.

[293] 周建, 李小青, 杨帅. 任务导向董事会群体断裂带、努力程度与企业价值[J]. 管理学报, 2015, 12 (1): 44-52.

[294] 周劲波, 黄胜. 制度环境、创业能力对国际创业模式选择的影响[J]. 管理学报, 2015, 12 (3): 393-399.

[295] 周劲波, 黄胜. 关系网络视角下的国际创业研究述评[J]. 外国经济与管理, 2013, 35 (2): 22-33.

[296] 周劲波, 黄胜, 叶广宇. 组织学习、合法性与国际新创企业进入后速度[J]. 科学学与科学技术管理, 2014 (11): 129-141.